U0450209

了不起的 地理

年跃 著

中国友谊出版公司

图书在版编目（CIP）数据

了不起的地理 / 年跃著. -- 北京：中国友谊出版公司，2025.1（2025.4重印）. -- ISBN 978-7-5057-6072-1

Ⅰ．G634.553

中国国家版本馆CIP数据核字第20251609RH号

书名	了不起的地理
作者	年 跃
出版	中国友谊出版公司
发行	中国友谊出版公司
经销	新华书店
印刷	嘉业印刷（天津）有限公司
规格	880毫米×1230毫米　32开 7.75印张　155千字
版次	2025年1月第1版
印次	2025年4月第4次印刷
书号	ISBN 978-7-5057-6072-1
定价	59.00元
地址	北京市朝阳区西坝河南里17号楼
邮编	100028
电话	（010）64678009

如发现图书质量问题，可联系调换。质量投诉电话：010-82069336

前 言

在一切开始之前,我愿意先讲一些题外话,把自己写这本书(或许我更喜欢称它为"读物")的一些感想跟大家交代一下。

从我做博主以来,一直都有同学向我咨询诸如"地理到底应该怎么学""怎么培养地理思维"此类问题。这让我感到荣幸的同时也备感压力。每一个问题背后都是一颗渴望知识的心,一份对未来的期待。我也总在想,到底该用何种形式来更好地传递内容,因此,我想到了写书,这个想法也许稚嫩,但足够勇敢。

写书前我给自己定了两个目标:一要简单有趣,二要实用清晰。

之所以要简单,是因为我也是学生,我更希望站在我们学生的角度去"浅入深出"。而之所以要实用,是我真心希望你们能够将这本书运用到生活或者考试中,不然跟空谈无异。

地理不仅是一个学科，更是一个让我们能不断看见世界的窗口。它不仅是关于地图和经纬度的学问，更是一个风铃，让我们听到这片土地上千年间风走过的声音。它是关于星辰与大海的诗，是关于山川与城市的梦，是关于我们脚下这片土地的无尽诉说。

可能这样的语言太过于"浪漫主义"，对于现在的你们来说还太遥远，毕竟你们现在每天要面对堆积如山的课本和似乎永无止境的考试。不过，我会尽量用最简单、最有趣的方式，把复杂的地理知识变得生动起来。我相信，学习地理不是负担，而是探索世界、发现自我的奇妙之旅。所以我从撒哈拉沙漠的雪景讲到赛里木湖的"冰推"奇观，从科切拉的大风讲到呼伦湖的水质变化。我希望通过这些风格各异的内容，让你们在繁重的学业中找到一丝轻松和乐趣，能够对地理学产生浓厚的兴趣，甚至在未来选择与之相关的职业道路。

我也希望大家去看见文字以外的世界，去感受不同季节的风，去观察不同地区的云，去理解不同文化的人。就像我的书里写过花鸟虫鱼，写过春夏秋冬，我将它们叙述给你们，其实是一种愿景：春有百花秋望月，夏有凉风冬听雪。

至此，祝一切都好。

2024 年 11 月 11 日　于武汉

目录

1　　前言

第一部分　自然地理篇

002　　撒哈拉沙漠：沙漠与雪的罕见邂逅
006　　阿塔卡马沙漠的绿洲：地理奇迹与生存智慧
010　　千湖沙漠：大自然的水与沙交响曲
014　　冰岛黑沙滩
017　　圣彼得堡的"肠粉雪"
021　　"东边日出西边雪"与"东边日出西边雨"：气候现象的奇妙交织
025　　倒春寒：春日里的冬日回响
029　　回南天气候现象及其对生态系统的影响
033　　瀑布"倒流"的奇特景观

037	赛里木湖"冰推"奇观
041	科切拉的大风:自然力量与艺术盛会的交响
045	呼伦湖水质恶化的警示
049	"龙吸水"奇观
053	拉尼娜现象:地球气候的"小女孩"
058	内蒙古河流中的"冰虾片"
062	神秘的"冰汤圆"
066	乔卢特卡大桥:洪都拉斯的工程奇迹与自然力量的较量
071	2022年川渝地区高温现象:自然因素与社会影响
076	绝美地冰花的地理奥秘
079	黄河入海口的自然奇观:冰封"潮汐树"
083	黄河清澈时刻:季节性变化与生态治理成果
087	绝美浪漫的"花开半树"——美丽异木棉
090	"彩虹树":自然界的多彩景观
093	班克斯半岛的"牙刷树":自然选择与地理环境的杰作
097	南北方冬季寒冷度对比:科学视角下的分析
101	秘鲁彩虹山:大自然的地质奇观
105	台风"杜苏芮":气象影响与灾害管理
109	重庆巫溪"刀片山":喀斯特地貌的奇迹
113	离岸流:海岸安全的隐形杀手
118	新疆内陆海鲜养殖:技术突破与地理挑战
122	毛里求斯海底奇观:自然的视觉错觉
125	塔克纳渔场:沙漠旁的海洋生物宝库
129	"阴阳天":自然界的神秘现象

- 134　日晕：天空中的神秘光环
- 138　沙漠洪水：极端气候现象的科学解释
- 142　青海艾肯泉：自然奇观的形成
- 146　玉龙雪山的"牛奶河"
- 150　东台吉乃尔湖：从消失到重现
- 155　"提拉米苏雪"：大自然的甜蜜馈赠
- 158　威海"泡沫海"：自然现象科学探究
- 162　索科特拉岛：地球上的"外星世界"
- 166　伯利兹大蓝洞：深海的神秘之眼

第二部分　人文地理篇

- 172　猫咪之城：伊斯坦布尔的猫文化
- 175　《葫芦娃》与地理学：动画片中的地理线索
- 179　《甄嬛传》被出成地理题，是一种什么体验？
- 182　探秘青青草原：一道地理题引发的思考
- 185　微信启动画面：一张地球照片的科学与文化意义
- 188　跨界合作：茅台与瑞幸的"酱香拿铁"联名
- 190　柳州螺蛳粉：传统美食的现代转型
- 192　熬夜：地域差异下的起居密码
- 195　飞机航线：连接世界的空中桥梁

- 198　全球食糖消费的地理与经济因素分析
- 201　全国各地食物中毒的惊人差异
- 204　全国吃辣差异地理原因
- 206　"奇葩"的地理题：自行车与树的不解之缘
- 209　沼泽题的秘诀：一道菜的妙用

第三部分　地理学习篇

- 212　地理学科的学习策略与方法
- 217　高考大题如何得分
- 221　高中学习的关键：有效整理错题
- 223　高中地理学习困惑
- 225　高考地理考前终极提醒
- 226　高考倒计时一周：避开陷阱，保持最佳状态
- 228　高考前夕失眠？试试这些有效方法！
- 230　高考小贴士：一位过来人的真诚分享
- 232　志愿填报
- 234　地理学科就业方向
- 236　我的高考经历

- 238　考点参考答案

第一部分 自然地理篇

撒哈拉沙漠：沙漠与雪的罕见邂逅

2022年1月，撒哈拉沙漠的罕见降雪引发了全球的惊叹。在这片通常与炎热和干旱联系在一起的土地上，雪花的飘落似乎预示着不寻常的气候变化。这是否真如某些人所言，是灾难的前兆？沙漠下雪其实一点都不可怕，下文将从科学角度进行分析。

艾因塞弗拉的雪：自然现象还是气候异常？

撒哈拉沙漠下雪的小镇叫艾因塞弗拉，它的地理位置非常特殊。虽然说它地处非洲，属于撒哈拉地区，但是对照其纬度，它几乎在非洲大陆的最北端，濒临地中海沿岸，纬度位置大概对应我国的湖北省。如果说，我国的湖北地区下雪，你会觉得奇怪吗？与纬度相近的湖北省相比较，小镇白天气温为十几摄氏度，较为正常，有可能在某个夜晚临时遭遇了寒潮，气温降到了0℃以下，加之空气中携带水汽，因此造成降雪。当然，即使温度满足了条件，但这个地方是沙漠，按理来说也是不会下雪的。但是在高中地理学习中，我们知道南北纬 30°～40° 的大陆西岸受副热带高气压带和盛行西风带交替控制，形成的是地中海气候。地中海气候的表现是夏季炎热干燥，冬季温和多雨，因此可以形成沙漠，且冬天出现降雪现象。我们再看艾因塞弗拉小镇的地形，它处于地中海沿岸的迎风坡，所以很容易迎来水汽。

撒哈拉沙漠的骆驼见过雪吗？其实，艾因塞弗拉小镇在 2016 年、2018 年、2021 年都下过雪。降雪是正常的自然现象。

面对撒哈拉沙漠的雪，我们不应盲目跟随没有事实根据的观点。降雪是自然气候模式的一部分，而非生态恶化甚至世界末日的预兆。通过理性分析和科学理解，我们可以更好地欣赏这一自然奇观，同时对气候变化保持应有的警觉。

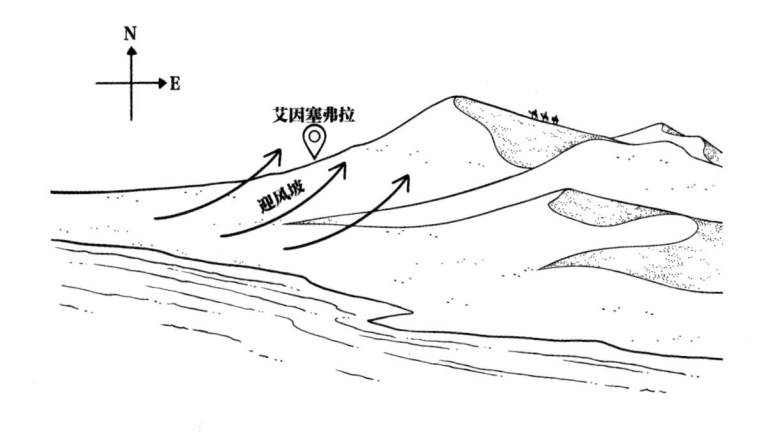

撒哈拉沙漠的气候条件

撒哈拉沙漠属于热带沙漠气候,是世界上最炎热的地区之一,年降水量不足100毫米,气温日较差和年较差均大,夏季降水略多于冬季。

撒哈拉沙漠是世界上阳光最充足的地方,也是世界上最大、自然条件最为恶劣的沙漠,是地球上最不适合生物生存的地区之一。在阿拉伯语中,"撒哈拉"意即"大荒漠"。

> 南北纬30°~40°的大陆西岸受副热带高气压带和盛行西风带交替控制,形成的是地中海气候。

考
点

1. （多选）撒哈拉沙漠降雪的原因是什么？　　（　　）

　　A. 此地纬度相对较高，气温在非洲相对较低

　　B. 冬季容易受到中纬度西风带控制产生降水

　　C. 地处地中海沿岸迎风坡

　　D. 可能与极端现象有关

2. 艾因塞弗拉冬季少有降雪的主要原因是该地　（　　）

　　A. 地处山地背风坡

　　B. 冬季受副热带高气压带控制

　　C. 受沿岸寒流影响大

　　D. 冬季气温较高

阿塔卡马沙漠的绿洲：地理奇迹与生存智慧

阿塔卡马沙漠的干燥程度令人难以置信，这里有着地球上最接近火星的自然环境，部分位置近百年未有降雨记录。其土壤贫瘠且具有强酸性，连细菌也难以生存。这种极端条件的形成，部分归因于南极寒流降温减湿，以及安第斯山脉阻挡了来自亚马孙河的潮湿空气。这里是世界上最干旱的地区之一。

尽管环境恶劣，但阿塔卡马沙漠中仍有100多万人繁衍生息。没有水，人们要如何获取水源呢？当地居民有一种简易可行的办法：利用稠密的网幕。浓雾带来的充足水汽会被稠密的网幕捕捉，在网面上凝聚成水滴，再顺着管道流入收集器中。

阿塔卡马沙漠中有一个神奇的地方：瓦卡奇纳绿洲。它偏居一隅，不同于沙漠其他地区的炎热干旱，这里气候湿润。

瓦卡奇纳绿洲的形成

秘鲁的瓦卡奇纳绿洲是沙漠中的奇迹,拥有天然湖泊。从地理位置看,秘鲁位于南美洲西侧,安第斯山脉附近。安第斯山脉东侧受到赤道低气压带的控制,地处东南信风的迎风坡,降水量很大,属于热带雨林气候区。反观安第斯山脉的西侧盛行离岸风,又处于东南信风的背风坡,加之秘鲁寒流影响,降水量稀少。山脉两侧的降水,一半丰盈,另一半稀少。尽管秘鲁地表河流并不多,但山脉两侧的水分差异导致许多河流渗入地下,流入秘鲁的沙漠,统称暗流。暗流在低洼处露出地表,形成湖泊。绿洲湖泊位于沙漠的低洼处,有了水源,也就形成了聚落。

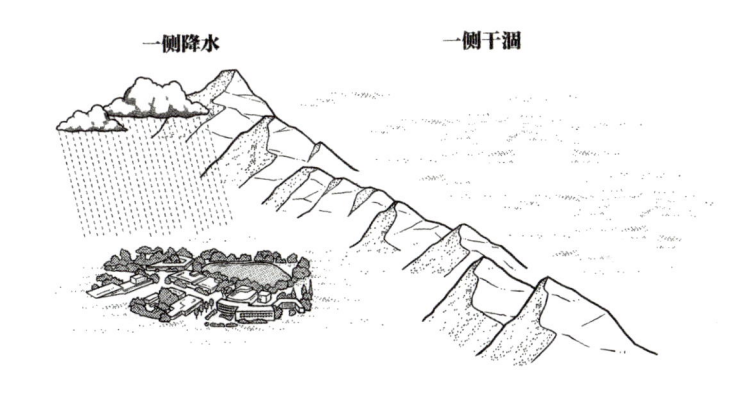

沙漠绿洲的冷岛效应

沙漠戈壁和绿洲、湖泊对太阳辐射的反射率不同。在阳光照射下,沙漠戈壁的干燥地面迅速增温,热空气上升,通过局地环流作用,被带到绿洲、湖泊上空,形成一个上热下冷的逆温层，上下层空气间的热交换难以进行，下层冷空气得以保持稳定，因而可以形成湿润、凉爽的小气候。这种现象就是冷岛效应。

冷岛效应一般产生于干旱地区的湖泊（包括水库）、绿洲地带。其最高气温可比附近沙漠戈壁低约30℃，水分的蒸发量也较少。

绿洲的生态脆弱性

随着周围人口不断增加，地下水开采量也日益增加，瓦卡奇纳绿洲水位已经下降了很多，我们现在看到的绿洲湖泊，其实是依靠从外部引进水源来维持的。沙漠绿洲的生态环境是非常脆弱的，人口承载量极小，当地若要开发旅游业，就必须通过其他方式来维持绿洲的存在。

> 冷岛效应：在干旱地区的湖泊（包括水库）和绿洲普遍存在，有助于形成稳定的大气结构，减缓热量交换。

考点

3. 秘鲁地区的暗流会导致　　　　　　　　　　　（　　）

　　A. 安第斯山脉东侧河流区域水量增加

　　B. 该区域地下水水位发生抬升

　　C. 安第斯山脉东西两侧水压力差消失

　　D. 该区域水体生态系统物质循环加速

4. 冷岛效应对地区气候产生的影响体现在　　　　（　　）

　　A. 增加降水

　　B. 减少径流

　　C. 增加下渗

　　D. 减少蒸发

千湖沙漠：大自然的水与沙交响曲

千湖沙漠位于巴西马拉尼昂州拉克依斯马拉赫塞斯国家公园，毗邻大西洋，是一片广阔的海岸沙漠。然而，在这片被沙漠覆盖的土地上，存在一个令人难以置信的自然奇观——沙湖共存。

这里属于热带草原气候，千湖沙漠其实并不是真正意义上的沙漠。沙漠地区的年降水量一般在400毫米以下，甚至绝大部分都不足50毫米，但这里的年降水量达到了惊人的1600毫米，远超撒哈拉沙漠。此外，正常情况下，沙漠的成因一般是气候干旱或者土地荒漠化，但是千湖沙漠的形成是因沙子随水从上游冲下来后，在入海口附近又受到海浪和海风的影响，被冲了回来。因此河流入海口处堆积了大量的沙子，形成了沙丘。千湖沙漠地区全年高温，分干、湿两季，干季蒸发旺盛，降水少，地表上一派沙漠情景，湿季降水量较大，沙丘低洼处会形成一个个湖泊，可见，湖泊里的水并不是海水。

沙漠与湖泊的奇妙共存

千湖沙漠的特别之处在于其季节性的降雨模式。雨季（1月到5月），大量雨水在沙丘间积聚，形成湖泊。随着湖泊形成、连通河流，鱼类、鸟类和其他野生动物被吸引至此，形成了一个短暂的生态系统。雨季过后，降雨减少，湖泊开始逐渐干涸。随着湖泊逐渐消失，依赖湖泊生存的动植物开始迁徙或进入休眠状态，等待下一个雨季的到来。

沙漠中的沙丘形态多样，流动沙丘和固定沙丘为湖泊的形成提供了天然的容器。沙丘的底部通常由较细的沙子组成，这些沙子在一定程度上阻止了水分的渗透，使得积水能够形成湖泊。

> tips 沙丘的形成需要沙源，干旱地区的沙丘形成一般源于风力作用下的就地起沙，湿润地区的沙源一般是河床、湖床、海岸等地的泥沙。

考点

5. 千湖沙漠中沙丘的形成原因是（　　）

　　A. 夏季气候炎热，降水量较少

　　B. 沙子含水量少，易被风搬运

　　C. 副热带高气压带控制，蒸发强烈

　　D. 河流携带的泥沙被海浪和海风带回岸边

6. 千湖沙漠众多湖泊的主要补给类型是（　　）

　　A. 地下水

　　B. 海水

　　C. 河水

　　D. 大气降水

冰岛黑沙滩

冰岛,一个充满火山、冰川和瀑布的国度,以其原始的自然美和独特的地质现象吸引着全世界的目光。在冰岛众多的自然奇观中,黑沙滩凭借神秘而深邃的黑色沙地和壮观的海岸线,成为游客必到的打卡地。冰岛最著名的黑沙滩当数维克镇附近的黑沙滩,这片沙滩以其高耸的玄武岩柱、壮观的海浪和独特的地貌而闻名。此外,还有斯奈山半岛的黑沙滩,这里曾是冰岛渔民的避风港,现在则是游客探索冰岛自然奇观的热门地点。

黑沙滩的形成

冰岛位于欧洲西北部,处于欧亚板块和美洲板块的交界地带,属于生长边界。板块交界处地壳不稳定,多火山地震,因此冰岛的火山非常多,有近300座火山,其中有40~50座活火山。黑沙滩的形成就与海底火山喷发有关。冰岛的黑沙滩主要由火山喷发时产生的玄武岩构成。玄武岩是喷出型岩浆岩，呈灰黑色，因此沙滩才会呈现独特的灰黑色。喷出的火山岩浆遇海水迅速冷却并凝固时，会形成细小的颗粒，随着时间的推移，这些颗粒最终被海水冲刷到海岸线上，形成了我们今天所见的黑沙滩。

黑沙滩的沙子颗粒非常细腻，几乎不含任何杂质。这种沙子的颜色通常呈深黑色或深灰色，给人一种深邃而神秘的感觉。此外，黑沙滩的海岸线常常伴随着壮观的玄武岩柱，这些柱状结构是因岩浆冷却收缩而形成的，是冰岛黑沙滩的一大特色。

黑沙滩看似荒凉，但实际上是许多海洋生物的栖息地。海鸟、海豹和其他海洋生物常常在这里觅食和休息。此外，黑沙滩也是许多摄影爱好者和自然爱好者的理想之地，他们被这里的自然美景吸引而至。

冰岛是欧洲的第二大岛，地处高纬，冰川苔原广布，耕地面积仅占全国面积的1%，这种地理环境限制了冰岛的农业生产，肉、奶、蛋勉强自给，粮食、蔬菜、水果基本依靠进口，渔业是冰岛的经济支柱，"鱼有余而粮不足"。

> tips
>
> 玄武岩是基性喷出岩，由火山喷发出的岩浆在地表冷却后凝固而成，属于岩浆岩的一种。玄武岩的结构通常具有气孔状、杏仁状构造和斑状结构，有时带有大的矿物晶体。

考点

7. 下列关于冰岛黑沙滩的叙述正确的是 （　　）
   A. 气候是黑沙滩形成的主导因素
   B. 黑沙滩主要是通过流水作用形成的
   C. 黑沙的主要来源是冷凝的花岗岩
   D. 冰岛处于两大板块间的生长边界

圣彼得堡的"肠粉雪"

对北半球来说,3月底至4月初,太阳直射点位于北半球,大部分地区进入春季。

2022年3月,圣彼得堡暴风雪后出现了神奇的一幕:大雪落入0℃的水中,慢慢堆积挤压,有点像泡在汤汁里的肠粉,又像是牛奶冷却后形成的奶皮。这一怪异现象引发了大量网友热议。在"肠粉雪"出现前不久,暖气流曾如约而至,但是冰雪刚融化没几天,不安分的冷空气就来了。为什么会出现这种奇特现象呢?这是因为北极涡旋的冷空气给当地带来了强烈的降雪。

北极涡旋的科学解释

极地涡旋:绕南极或北极的高空气旋性大型环流。

北极涡旋:北极上空的气旋,其强弱与赤道和两极的温差有关。赤道与两极之间的温差越大,极涡越强,也越稳定;

温差减小，极涡减弱。亚热带的暖气团会向极地方向移动，把极涡往外挤，使其向低纬度方向移动。

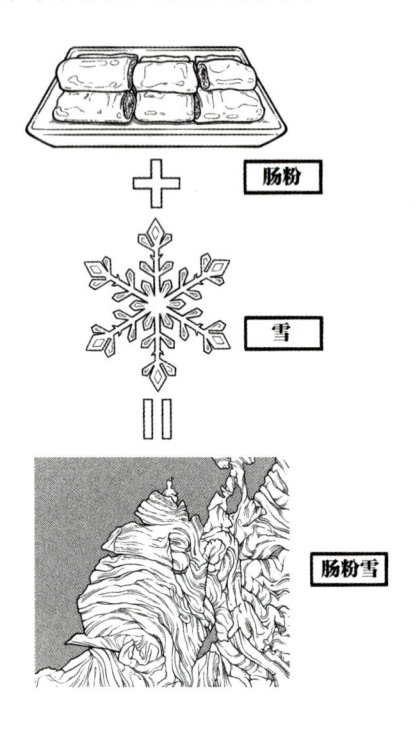

肠粉

雪

＝

肠粉雪

"肠粉雪"现象的形成原因

这种独特的"肠粉雪"是由该地区近期剧烈的温度变化引起的。通常雪遇到水就会融化，在这里却不同。当雪和水的温度相同且雪的密度较小时，雪会漂浮在水面上。圣彼得堡由于受海洋的强烈影响，春季气温回升，河流解冻，但水温依然很低。如果此时北冰洋的寒潮突然来袭，河水尚未冻结，天空中飘落的大雪就会完整地覆盖在河面上。随着河水的流动，雪不断挤压，形成类似肠粉的层层叠叠的现象。

气候波动的警示

这一现象不仅是俄罗斯乃至东欧地区气温剧烈波动的一个表现，也是大气环流变化的一个信号。欧亚大陆的西风带波动剧烈，这种能量可能在大气层中不断传递，甚至影响到纬度更低的中国。因此，在东欧出现气温异常波动，如"肠粉雪"这样的现象后，我们也应该对未来的异常冷暖变化保持警惕。

夏季：稳定的涡旋　　　　冬季：波动的涡旋

> 圣彼得堡位于俄罗斯西北部，波罗的海沿岸，跨涅瓦河口三角洲，处于北纬59°～60°、东经29°～30°之间，是俄罗斯的中央直辖市，列宁格勒州首府，俄罗斯西北地区中心城市。圣彼得堡属于温带大陆性气候，但受海洋影响，降水较多。

考点

8. 下列关于"肠粉雪"现象的叙述,正确的是（　　）

  A. 该现象出现时,雪与水温度相同

  B. "肠粉雪"最有可能在冬季出现

  C. 这种现象会持续一周以上

  D. "肠粉雪"是全球变暖导致的

9. 下列天气或气候现象与"肠粉雪"的成因相似的是（　　）

  A. 伏旱　　　　B. 倒春寒

  C. 梅雨　　　　D. 回南天

"东边日出西边雪"与"东边日出西边雨":气候现象的奇妙交织

在冬季的某个清晨,我们可能会惊讶地发现,窗外的景象呈现出截然不同的两面,一边是阳光明媚,另一边却是雪花飘飘。这种现象,俗称"东边日出西边雪"。

"东边日出西边雪"的形成原因

冬季有时会出现一边下雪而另一边不下雪的现象。你可能会认为这是强对流天气造成的,但雷雨、大风等强对流天气多发生在春、夏、秋三季,冬季较为少见。冬季气温低,空气对流弱,按理来说不会有强对流的情况发生。那只有一个可能:当冷气团与暖气团相遇时,两股势力势均力敌,它们恰巧停留在某栋楼附近,楼外的空气一半受冷气团控制,一半受暖气团控制,形成准静止锋。降雪往往在冷气团一侧,所以人们会看到窗户外一边下雪而另一边不下雪的现象。

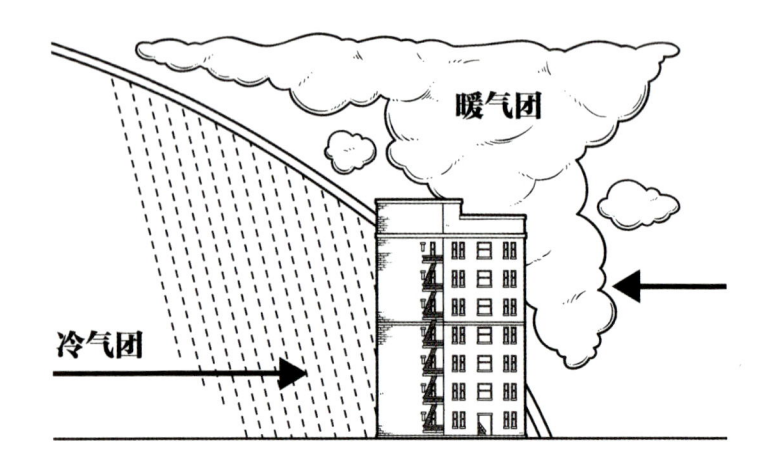

"东边日出西边雨"的形成原因

"东边日出西边雨"是夏天常见的现象,这种现象一般持续时间比较短,分布范围也较小。雨过天晴后,甚至可能出现"太阳雨"。夏季午后,我国南北地区普遍高温,如果空气对流强烈,很容易出现雷雨天气,因此出现"东边日出西边雨"的现象,即对流雨。

除此之外,还有两种情况:锋面雨和台风雨。

锋面雨是由于冷暖气团相遇,暖气团做上升运动冷却凝结而形成的降水。锋面雨的降水范围大、持续时间长,南方的梅雨和北方的寒潮是由锋面雨引起的典型案例。

台风雨是热带海洋上的风暴带来的降雨,由强烈发展的热带气旋——台风引起。台风具有庞大的台风云系,中心附近风力级别高,云会快速地绕着台风中心旋转。台风区内水汽充足,上升运动强烈,降水量很大。台风登陆后,受到地形摩擦作用的影响,不同区域的云量存在差异,且云的运动速度很快,因此会产生时晴时雨的情况。与前两种可能相比,台风雨的天气并不常见。

无论是冬季的"东边日出西边雪",还是夏季的"东边日出西边雨",这些现象都是气候系统中气流相互作用的结果。了解这些现象的成因,有助于我们更好地认识和预测天气变化,提醒我们气候具有复杂性和多变性。

> tips 对流雨:发生在赤道附近,或夏季的大陆中纬度地区,因地面温度较高,近地面湿热空气受热膨胀上升,形成强烈的空气对流,上升气流中的水汽在高空遇冷凝结,形成降水。

考点

10. 冬季"东边日出西边雪"现象的形成原因是（ ）

A. 强对流天气

B. 准静止锋

C. 大风天气

D. 气旋控制

倒春寒：春日里的冬日回响

春天是万物复苏的季节，然而有时温暖的春风中却夹杂着冬日的寒意，这种现象被称为倒春寒。

倒春寒的定义

一年四季中，气温、气压等气象要素变化最无常的季节就是春季，经常是白天阳光和煦，温暖宜人，早晚却寒气袭人。顾名思义，"倒春寒"意为春天气温回暖之后，气温再次骤降，仿佛回到冬季。这一概念最早源于农业，主要指候（五天为一候）平均气温超过 10℃后，由于受较强冷空气频繁袭击，气温下降较快，持续时间长达 7 天以上的前暖后冷，并造成大范围地区农作物受冻害的天气现象或天气过程。

倒春寒的形成原因

我国冬天吹西北风，是受蒙古-西伯利亚高压（又称亚洲高压)、阿留申低压和地转偏向力的影响。这种气压格局在冬天比较稳定，但是在春天气温回升时，这种稳定会被打破，当冷空气再一次来袭时，便会出现倒春寒的现象。加上春季是由冬到夏的过渡季节，大气环流处于调整阶段，此时虽然气温回升，但冷空气的活动仍然较为频繁，一旦冷空气南下，就可能引发倒春寒。

倒春寒的影响

对农业生产的危害：倒春寒容易引发冻害、烂种等。中国是典型的季风气候国家，冬季受北方的冬季风控制，气候寒冷而干燥。春季，冬小麦正处于返青或拔节生长阶段，温度突然下降会使冬小麦遭受冻害，也会使已经播种、尚未出土的棉花和水稻等农作物出现烂种，造成严重的农业损失。

对人体的危害：不利于心脑血管健康，容易引发感冒等流行疾病。天气转暖后，人们身体的抗寒能力和抗病能力下降，突然来袭的冷空气刺激会直接影响呼吸道黏膜的防御功能，容易使人体植物神经系统发生紊乱，导致调节功能减退。春季是流感、流脑、病毒性肝炎等多种疾病流行的季节，呼吸道疾病患者和心脑血管疾病患者也明显增多，尤其是抵抗能力较弱的老人和儿童一定要注重防护。

对候鸟的危害：对于早到的候鸟来说，气温较低会使不少候鸟丧命于早春时节。

倒春寒的有利影响有以下几个方面：第一，倒春寒可能带来降水，缓解某些地区的春旱；第二，气温再次降低有利于清理虫害；第三，倒春寒可能伴随大风天气，带来风能资源。

人们应如何应对倒春寒？

老人应注意收听收看天气预报，年轻人可以养成定期关注天气预报的习惯，根据天气变化，注意防寒保暖，适时适度增减衣物。阳光明媚时要多参加体育活动，增强机体的免疫能力和抗病能力，促进人体重要器官的血液循环，以减少心脑血管疾病的发生。同时要合理安排饮食起居，室内经常开窗通风换气，尽量避免在人群密集的区域逗留，平稳度过气候多变的春天。

> 如果在考试的时候遇到"倒春寒有什么影响"的问题，你可能会认为，所谓倒春寒不就是降温，降温肯定会带来一定危害，比如说对农业生产的危害，或者使人感冒。虽然大体没错，但是要注意题目中问的是影响而不是危害，回答时要充分考虑有利因素和不利因素，不要把思维局限于不利因素。影响类的题目一定要一分为二地答，一定要全面考虑，不然在考试中永远只能拿一半的分数。

考点

11. 下列关于倒春寒的表述正确的是　　　　（　）

    A. 倒春寒现象多发于秋冬季

    B. 倒春寒常在气旋控制下出现

    C. 出现倒春寒的地区盛行偏北风

    D. 植树造林是预防倒春寒的有效方法

12. 我国受倒春寒现象影响最严重的地区是　　（　）

    A. 黄土高原

    B. 塔里木盆地

    C. 华北平原

    D. 云贵高原

回南天气候现象及其对生态系统的影响

回南天是中国南方地区特有的气候现象,通常出现在冬春交替之际。这一时期气候多变,室内外温差显著,对当地生态系统和人类生活产生重要影响。

什么是回南天?

回南天通常与南方地区,特别是两广一带的高湿度相关。在这段时间里,墙是湿的,家具是湿的,衣服是湿的,人都不是"水灵"的,是"水淋"的。从地理学的角度来看,这一现象的形成需要三个主要条件:长时间的低温、气温的急剧回升以及高湿度环境。

1至2月,北半球处于冬季,我国大部分地区受冬季风的影响,气温较低。随着时间的推移,太阳直射点向北移动,由于水的比热容大于陆地,陆地气温回升速度快于海面,夏季风势力增强。冷空气在两广地区北退,而太平洋的暖湿气流北上,造成气温的急剧上升。暖湿空气遇到室内低温物体时,会在其表面凝结水珠,导致室内潮湿。

回南天的影响

此时,北方会出现倒春寒,但基本一年只发生一次。而回南天是南方天气回暖的一个阶段,在冷空气势力没有完全消退时会反复出现,覆盖范围也十分广泛,南方大部分省份都会受到回南天的影响。

回南天对生态系统的影响主要体现在以下几个方面。

生物活动:气温和湿度的快速变化可能影响植物的生长周期和动物的活动模式。

农业生产:降水的分布变化和季风的转变对农作物的生长周期和产量有直接影响,农民需要根据气候条件调整种植策略。

水资源管理:降水量的增减影响水资源的供应和分配,需要合理规划和管理以应对可能的干旱或洪涝。

人类生活:高湿度环境可能导致室内物品受潮、霉变,需要采取防潮措施,如使用除湿机、加强通风等。

城市规划和建筑设计:考虑到回南天的气候特点,城市规划和建筑设计应充分考虑通风、排水和隔热等因素,以保证设施安全性,提高居住舒适度。

健康问题:高湿度利于细菌和霉菌的生长,易引发呼吸道疾病,需要注意室内环境的清洁和健康。

能源消耗:为了调节室内气候,居民会频繁地使用空调、除湿设备，增加能源消耗。

回南天作为我国南方地区的一种特有的气候现象，对当地生态系统和人类活动有着广泛的影响，了解其形成机制和影响范围，有助于我们更好地应对气候变化挑战。通过科学方法和合理规划，我们可以降低气候变化带来的不利影响，提高自然资源利用率。

> 对我国华南地区来说，从北方来的气流是从较高纬度吹来的，气流温度和湿度较低，不易出现回南天现象，但从南方来的气流往往是从低纬度海洋吹来的，气流暖湿，水汽进入室内容易大量凝结。因此当回南天来袭时，要关闭家中的窗户，尤其是要紧闭南向的窗户。

考点

13. 回南天对当地气候的主要影响有 （　）

A. 雨雪天气多发

B. 气温急剧降低

C. 空气湿度变大

D. 造成强风天气

瀑布"倒流"的奇特景观

常言道:"人往高处走,水往低处流。"在某些罕见情况下,有些瀑布似乎违背了这一自然规律,展现出令人惊叹的"倒流"现象。在瀑布"倒流"时,如果有人将衣服抛出,衣服甚至可以"飘浮"在空中,这往往意味着附近将要出现暴雨天气。究竟什么外力能让瀑布"倒流"呢,下文将说明这一景观背后的原理。

让瀑布"倒流"的神秘力量

瀑布"倒流",这一看似违反重力规律的奇观,实际上是特殊地貌和气象条件共同作用的结果。如果瀑布附近的山体呈现凹槽状地貌,崖壁附近便容易产生强烈的上升气流。在特定条件下,这些上升气流的力量可以推动瀑布中的水汽逆向升空,形成"一飞冲天"的壮观景象。我们再仔细观察就会发现,瀑布在"一飞冲天"之后再次偏转,偏转至左侧位置，这是因为瀑布还受到了风力作用的影响。这种现象往往意味着暴雨天气即将到来，因为上升气流增强预示着大气中不稳定能量的积聚，可能触发强降水事件。

上升气流是指空气因热力或动力作用而上升。热力上升气流通常发生在地面受热后，空气膨胀上升；而动力上升气流则可能是受地形因素影响，如山脉阻挡导致空气被迫爬升。上升气流可以导致云层形成，引发降水。

约克郡谷地的自然瑰宝

这种瀑布"倒流"的地理现象虽然少见，但并非独一无二，英国的德比郡瀑布、西班牙的坎利亚瀑布、智利的拉加瀑布，都出现过类似的情况。2018年，英国坎布里亚郡约克郡谷地马勒斯顿悬崖上出现瀑布"倒流"，水流飞向空中，导致这条瀑布"倒流"的是时速超高的风暴"海琳"。与之相近，英国的德比郡瀑布发生"倒流"的原因是飓风"贡萨洛"。

> tips　瀑布"倒流"是因上升气流推动而形成的奇观。在暖湿气流的带动下，空气上升，遇冷凝结，通常会形成降水。

考点

14. 下列能够引起瀑布"倒流"的有 （ ）

①风暴潮 ②强对流天气 ③暖锋 ④强风

A. ①②③

B. ①②④

C. ②③④

D. ①③④

15. 瀑布"倒流"后，山上通常会形成降水的原因是

（ ）

A. 山顶对流增强

B. 冷暖气团相遇

C. 山顶气温下降

D. 空中水量增加

赛里木湖"冰推"奇观

赛里木湖被称为"大西洋最后一滴眼泪",以其令人难以置信的蓝色湖水和绝美风景闻名。这片湖泊是新疆的瑰宝,是大自然赋予我们的一幅动人画卷。去过一次赛里木湖后,我庆幸此生看过如此动人的景色。这个大西洋暖湿气流眷顾的地方,拥有着你所能想象到的所有的蓝色。赛里木湖的美丽不因天气而改变,无论是万里无云还是云卷云舒,它的蓝色总是层次分明,与背后的雪山、无边的草原和五彩斑斓的野花交相辉映,展现出一种超越季节限制的魅力。每年春季的融冰期,赛里木湖会上演一幕幕壮观的"冰推"现象。随着冬日的冰层逐渐融化,冰块伴随着碎裂声被湖水层层推向岸边,景象动人心魄。

"冰推"现象形成的地理原因

这种现象可以与冬春交替时节的凌汛现象对比。它们都是冰水混合夹杂在一起向前流动，都发生在冬春交替之际，都会出现冰被水推着向前涌动的现象。但不同点是，凌汛发生在河面，而"冰推"发生在湖面。除此之外，二者成因也不同。凌汛是由于河流要从低纬度地区流向高纬度地区。纬度低的地区，冰先融化，河水向下游流去，此时，下游纬度高，冰还未融化，因此会出现水推着冰向前流动的凌汛现象。而水推冰的成因，大体需要满足三个因素：第一，气温要低于0℃，保证湖面有结冰；第二，湖面深度不同，冬春交替之际，湖冰融化速度不同，有的地方已经解冻，而有些地方还处于冰封状态；第三，强有力的风，风裹挟着浮冰的湖水吹向岸边，才会出现这种"冰推"奇观。

赛里木湖的独特地理位置

赛里木湖位于我国新疆维吾尔自治区的西北部，这里纬度相对较高，气温较低。赛里木湖常年受到大西洋吹来的暖湿气流影响，是大西洋暖湿气流在新疆眷顾的地方。在冬春

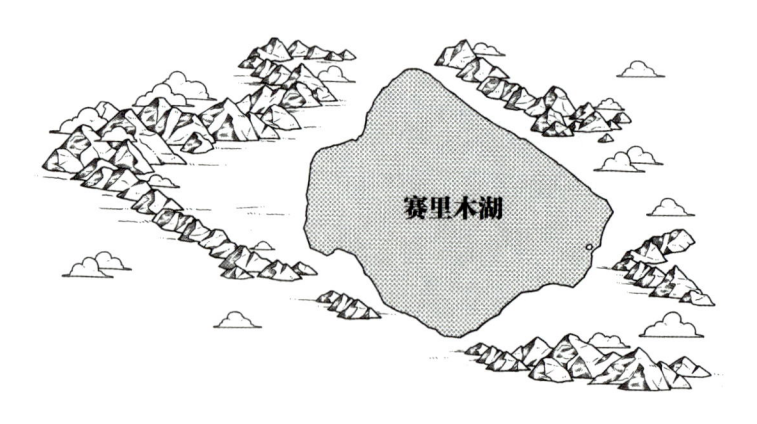

交替之际，西风不断吹动，湖水不断流动，湖面上的薄冰随着水流不断流动挤压，便会出现"半湖脂玉半湖蓝"的现象。但是赛里木湖为什么会受到遥远的大西洋气流的影响呢？因为这里位于伊犁河谷。伊犁河谷位于中国天山山脉西部，三面环山，地形呈开口向西的喇叭状，加上东欧和中亚地形比较平坦，所以西风可以吹到这里。

> 赛里木湖地处欧亚大陆腹地，由于海拔较高，受西风带影响，湖区常年盛行西北风或偏西风。经大气环流带来的水汽受地形抬升，在这里形成丰富的局部降水，赛里木湖因此成为西北干旱区的"湿岛"，也被称作"大西洋最后一滴眼泪"。

考点

16. 下列关于赛里木湖"冰推"的叙述不正确的是（ ）

　　A. 赛里木湖"冰推"发生期间昼夜温差极小

　　B. 冰面发生不同程度融化

　　C. 大多发生于冬春交替之际

　　D. 强风是"冰推"的成因之一

17. 导致赛里木湖深受大西洋水汽的主要影响因素是（ ）

　　A. 海拔　　B. 距海远近　　C. 地形　　D. 全球变暖

18. 赛里木湖"冰推"现象对当地的影响是（ ）

　　A. 减缓湖面冰层融化，不利于物质循环

　　B. 降低湖面附近湿度，影响交通出行

　　C. 影响局地气候，当地降水减少

　　D. 带来丰富旅游资源，促进旅游业发展

科切拉的大风：自然力量与艺术盛会的交响

科切拉是美国加利福尼亚州里弗赛德县下属的一座城市，现在它却成为科切拉音乐节的代名词。科切拉音乐节是全球最大的音乐节之一，每年在美国加利福尼亚州的印第奥市举行，首届科切拉音乐艺术节举办于1999年。

科切拉的风：自然现象的奥秘

科切拉位于科切拉谷地，属于地中海气候和热带沙漠气候的过渡地带，气候比较干燥。又由于它位于内陆，西侧是高大的落基山脉，冬季降温快，气温低，很容易形成冷高压。在地转偏向力的作用下，这里会形成强大的东北风（科切拉位于北半球），恰巧加利福尼亚州南部谷地也呈东北—西南走向，当风向和谷地走向一致时，便会产生狭管效应（当空气流入峡谷时，空气流速加快；当空气流出峡谷时，空气流速减缓。由狭管效应而风力增强的风，称为峡谷风或穿堂风），

迎风坡降雨多　　　　　背风坡降雨少

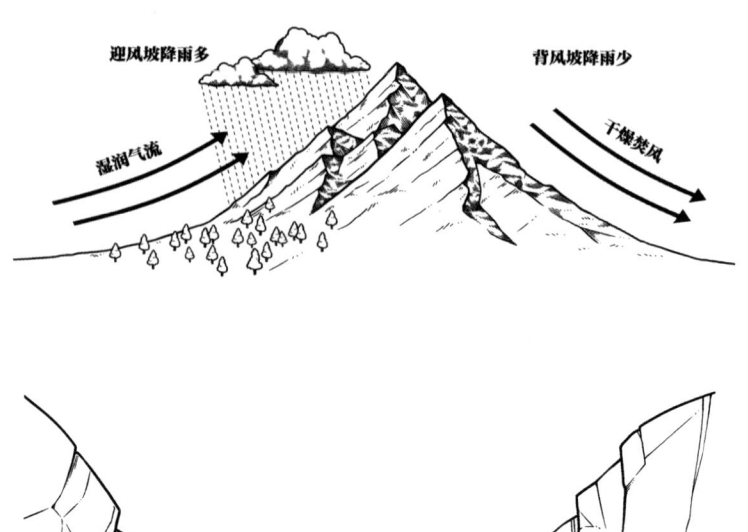

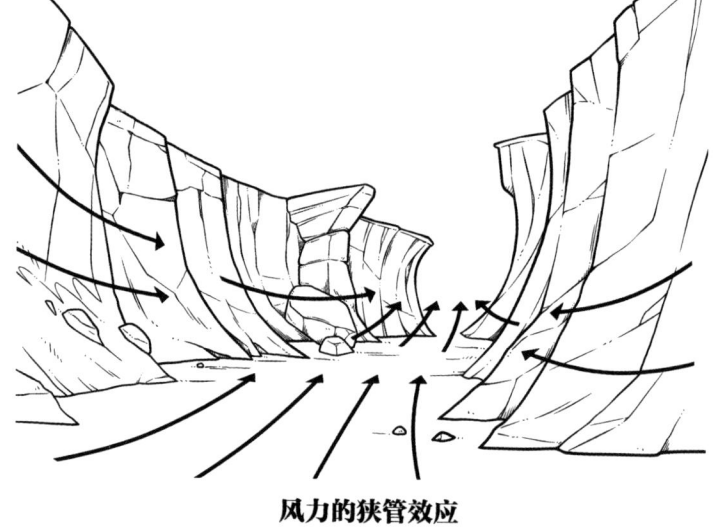

湿润气流　　　　　　　干燥焚风

风力的狭管效应

此地的风速会比其他地方更大，因此才创造了科切拉的神级舞台。

此外，我们刚刚提到了此地在秋冬季节会产生冷高压，冷空气越过落基山脉后会沿坡下沉，增温减湿，产生干热风，这就是著名的焚风效应。

焚风效应是指当气流经过山脉时，沿迎风坡上升冷却，产生降水，空气中的水分减少。越过山脉后，气流沿背风坡下沉增温，故气流过山后的温度比山前同高度上的温度高，湿度降低。直白来说，焚风是空气作下沉运动时，因温度升高、湿度降低而形成的一种干热风。焚风常出现在山脉背风坡，是由山地引发的一种局部范围内的空气运动形式，一种地方性风。

科切拉的大风，是自然赋予这片土地的独特印记。它不仅塑造了科切拉的自然风貌，更为科切拉音乐节的舞台增添了一份神秘与壮观。

> 地转偏向力：亦称科氏力（科里奥利力）。物体在相对于地球表面运动时会受到地转偏向力的影响而改变方向，但地转偏向力并不是一种真正的力，而是一种惯性力。地转偏向力对航天航空来说是一种至关重要的力。地转偏向力在极地最显著，向赤道方向逐渐减弱，直到消失在赤道处。在日常生活中，地转偏向力很小，是忽略不计的。

考点

19. 在横断山区，金沙江、澜沧江与怒江流过的峡谷大多干旱少雨，一条条河谷就像在湿润的横断山区中镶嵌的"干旱带"，它们被称作"干热河谷"。该区域"干热河谷"的形成是因为　　　　（　　）

　　A. 焚风效应

　　B. 植被破坏

　　C. 热岛效应

　　D. 狭管效应

呼伦湖水质恶化的警示

呼伦湖又名呼伦池，与贝尔湖互为姊妹湖。蒙古语为达赉诺尔，意为"海一样的湖"。然而，近年来，这片曾经清澈的湖泊面临着水质恶化的危机。

夏季去呼伦湖旅游的人不少，但大家会发现一个奇怪的现象，那就是一到夏天，环境很好的呼伦湖的局部水域会异常变绿。湖区周围有人说这是"出青苔"，岸边还时不时地漂浮一些死鱼，伴随着比较刺鼻的气味。呼伦湖的状况让人唏嘘不已，也让人好奇是什么引起了这种变化。

水华现象：湖泊的"绿色危机"

这种现象其实是水华，也称藻华，是淡水湖中蓝藻数量激增导致的。从自然原因来看，当地夏季温度在20℃~25℃，加上没有天敌，蓝藻繁殖很快，因此会偶尔产生水华现象。正常情况下水华很快就会消失，并不会造成很大影响，但近些年鱼类的大量死亡已经超出正常范围情况，因此我们需要考虑人类活动因素。除了平时我们熟知的生活污水、工业废水的影响，还有可能是周围氮磷化肥的不合理使用导致水体的氮磷含量超标，造成水体富营养化，因此水华才会这么严重。

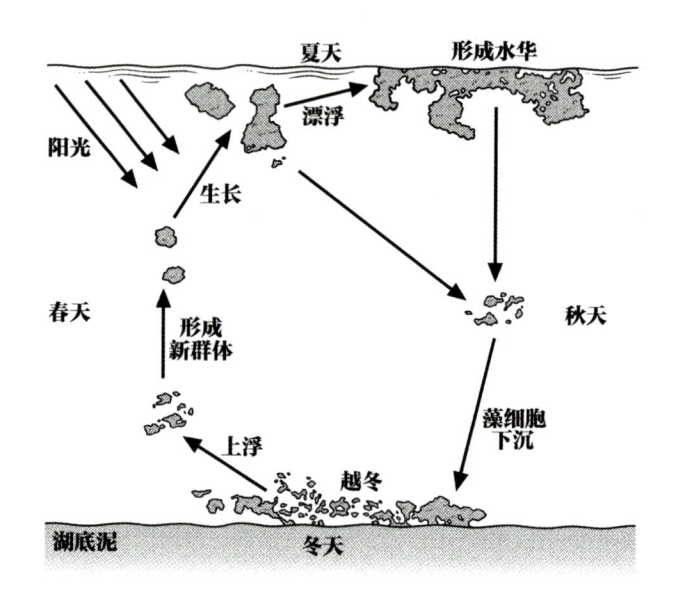

预防水华的策略

含氮磷的污水主要来自工农业废水及生活污水，应从源头着手控制污染源进入湖泊。应减少化肥、农药的施用，发展生态农业；工业废水和生活污水应通过污水处理厂进行处理，达标后排放；政府应加强监管力度，严格执法，加大违法排污处罚力度，在民众间加强宣传，提高民众环保意识。

以武汉东湖为例，武汉东湖位于武汉市东部，20世纪80

年代后的一段时间内，东湖水质长期处于劣Ⅴ类状态，水华频繁暴发。鲢鳙鱼活跃于水体中上层，蓝藻在食谱中占有相当高的比重，当地在东湖中投放了很多鲢鳙鱼苗，鲢鳙鱼年产量从百余吨逐渐增加到约1900吨。最近几年，东湖的水污染治理已见成效，各项指标都有了明显好转，水华暴发的频率明显降低。东湖不仅水质得到了改善，环境也进一步改善，为市民提供了更好的生态环境和休闲娱乐场所。这种措施和经验可以为受水华现象影响的其他地区提供借鉴。

水华现象对生态系统和人类健康都有严重的危害。它不仅会破坏水体的生态平衡，还可能导致水生生物大量死亡。一些藻类能分泌毒素，这些毒素可通过食物链影响人类健康。例如，蓝藻产生的微囊藻毒素能损害肝脏，具有促癌效应。生态环境与人类息息相关，生态保护刻不容缓。

> 赤潮是在特定的环境条件下，海水中某些浮游植物、原生动物或细菌暴发性增殖或高度聚集而引起水体变色的一种有害生态现象。水华是淡水水体中氮、磷等营养物质过多使藻类等浮游生物过度生长的一种水污染现象。

考点

水华是一种自然生态现象,绝大多数水华是蓝藻引起的,它是水体富营养化的结果。请回答以下问题。

20. 夏季呼伦湖水质恶化的影响因素有 (　　)

①高温天气　②工业污染　③生活污染　④水土流失

A. ①②④　　　　　　B. ①②③

C. ②③④　　　　　　D. ①③④

21. 下列不是水污染造成的后果的是 (　　)

A. 加剧水资源的短缺

B. 危害人体健康

C. 破坏水生态环境

D. 引起土壤次生盐碱化

22. 我国水华最严重的湖泊之一是 (　　)

A. 天池　　B. 巢湖　　C. 赛里木湖　　D. 青海湖

"龙吸水"奇观

"龙吸水"是一种令人惊叹的自然现象，但它并不神秘，是自然界中强对流天气下的常见现象，科学上称为水龙卷，是一种偶尔出现在温暖水面上空的龙卷风。

"龙吸水"在我国广东、广西、海南以及青海湖等地多有发生，特别是在夏季。它们可能是透明的，有时人们只有通过水龙卷在水面上形成的图案才能注意到它们的存在。在分析水龙卷的特点之前，我们首先要了解龙卷风是怎么形成的。

龙卷风的成因

夏季地表受到的太阳辐射强，地面升温快，热空气作上升运动，产生上升气流，如这时天空中出现积雨云（积雨云温度低），冷空气下降，一冷一暖相遇，便会产生强对流天气，很容易形成气流旋涡。当旋涡到达地面时，便会产生龙卷风。龙卷风的持续时间一般只有几分钟，最长也不过数小时。这种现象通常在大气环境极不稳定时出现，伴随着阵雨、雷电、冰雹等强对流天气。

龙卷风上端与积雨云相接，下端有的悬在半空中，有的直接延伸到地面或水面，一边旋转，一边向前移动。发生在湖海上的龙卷风，远远看去就像天空中有龙在吸水，称为"龙吸水"，或者水龙卷、海龙卷；发生在陆上，卷扬尘土，卷走房屋、树木等的龙卷风，称为陆龙卷。

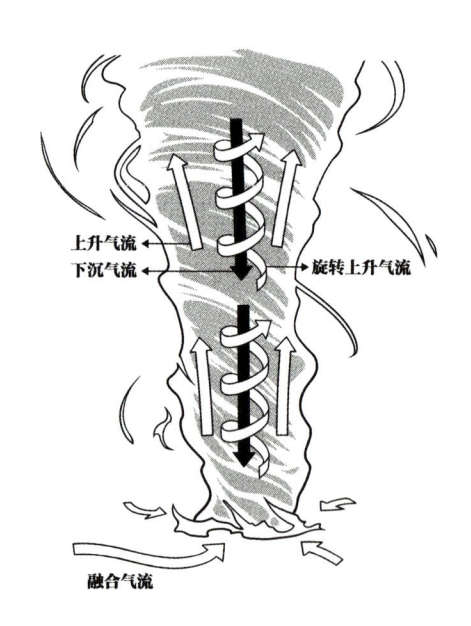

水龙卷的特点及危害

水龙卷在世界各地的海洋和湖泊都可能出现，多发生在夏季的下午或傍晚，特别是在高温高湿、有旺盛积雨云的雷雨天气中。它的上端与积雨云相连，下端与水面相接，水以涡流的形式绕着轴心从水面旋转上升到天空。

陆龙卷经过时，可能会对当地造成严重摧毁，如摧毁树木、车辆，甚至吸走人类。不过，相对来说，水龙卷虽具有一定的破坏性，但破坏性要比陆龙卷小。这是由于水龙卷携带大量液态水，在移动过程中容易消耗能量，所以造成的影响没有同等级陆地龙卷风严重。

普通人在遇到龙卷风时应该怎么做呢？

在看到龙卷风时行人不宜靠近，应尽量远离龙卷风。龙卷风前进方向摧毁力极强，务必及时离开。在野外遇到龙卷风时，应寻找与龙卷风路径垂直方向的低洼区藏身，不要靠近大树、电线杆等，以免倒塌造成危险。如果在家里遇到龙卷风，务必远离门、窗和房屋的外围墙壁，应躲到与龙卷风方向相反的小房间内抱头蹲下，及时切断电源，以防止电击人体或引起火灾。

> 龙卷风是一种强烈的、小范围的空气涡旋，在强烈、不稳定的天气条件下因空气强烈对流运动而产生，是积雨云底部下垂的漏斗状云及其猛烈旋转所形成的强烈旋风。龙卷风的中心气压很低，中心风速可达 100～200 米／秒，具有极大的破坏力。

考点

23. 下列与龙卷风成因类似的是 （　　）

　　A. 暴风雪　　　　B. 沙尘暴

　　C. 台风　　　　　D. 海啸

24. 水龙卷发生倾斜，可能是因为上下部的 （　　）

　　A. 地转偏向力差异　　B. 水汽含量差异

　　C. 气温差异　　　　　D. 风力差异

25. 我国龙卷风高发地主要分布在 （　　）

　　A. 西北地区　　　　B. 东南地区

　　C. 东北地区　　　　D. 西南地区

拉尼娜现象：地球气候的"小女孩"

拉尼娜现象，一个源自西班牙语、意为"小女孩"或"圣女"的术语，是与厄尔尼诺相反的现象。它是指赤道太平洋中东部海域水温异常下降的现象。它的出现会导致太平洋中东部海域显著变冷，引发全球气候变化。

拉尼娜现象通常紧随厄尔尼诺现象之后出现。

具体来说，东南信风增强，将表层的暖水推向太平洋西部，造成西部海平面上升，海水温度升高，气压下降，湿热空气积聚，形成台风和热带风暴；而东部海平面水位下降，海水上涌，海水温度降低。

大旱之后一定会有大寒吗？

拉尼娜现象的影响表现在极端气候上，例如炎热的夏季可能更加酷热，寒冷的冬季可能更加严寒。上段提到，拉尼娜的成因与东南信风的加强有关，这股风也是秘鲁寒流形成的原因。信风的加强导致东太平洋表层海水向西吹动，深层的冷水上涌补充表层，这使得东太平洋的海水温度较常年偏低；相对地，西太平洋的海水温度则偏高。这种温度差异加剧了季风环流区域，如我国东部地区的海陆热力差异，即夏季风更强，夏季温度偏高，而冬季西来的冷空气势力也更强，更有可能形成严寒的冬季。2022年的"三峰"拉尼娜现象，即连续三年的拉尼娜年，让人们对夏季高温和冬季严寒有了更多的关注。然而，寒冬的形成因素复杂，拉尼娜现象只是其中之一。

国家气候中心的数据显示，自1950年以来，全球共发生了16次拉尼娜事件，但只有10次出现了比常年更低的温度。因此，不能简单地断定拉尼娜年的冬季一定会是寒冬。

厄尔尼诺现象：地球气候的"暖流"

厄尔尼诺现象，西班牙语意为"圣婴"，是一种发生在赤道太平洋中东部海域的气候现象。它以海水温度异常升高为特征，通常每2～7年发生一次，持续时间可从几个月到一年多不等。

厄尔尼诺现象的形成与赤道太平洋的海洋和大气共同作用有关。正常情况下，东南信风会将赤道太平洋东部的暖水推向太平洋西部，形成西太平洋暖池。然而，在厄尔尼诺出现的年份，东南信风减弱，暖水向东回流，使得赤道太平洋中东部海水温度升高。

厄尔尼诺现象对全球气候有着显著的影响。它可以导致一些地区降水量异常增加，引发洪涝灾害，其他地区则可能遭受干旱。此外，厄尔尼诺还可能影响全球的温度分布，使得某些地区的气候模式发生变化。

厄尔尼诺现象与拉尼娜现象是一对气候"对手"。厄尔尼诺导致海水温度升高，而拉尼娜则导致海水温度下降。这两种现象交替出现，共同影响着全球的气候模式。

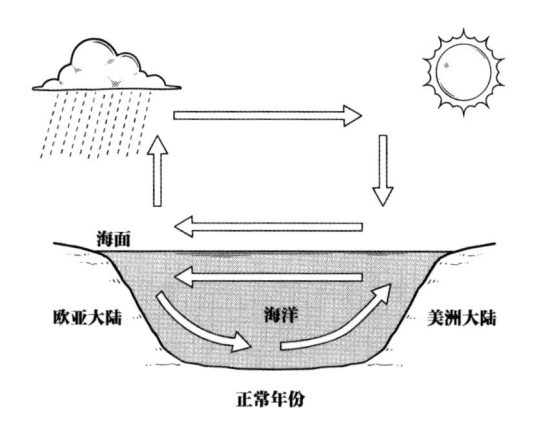

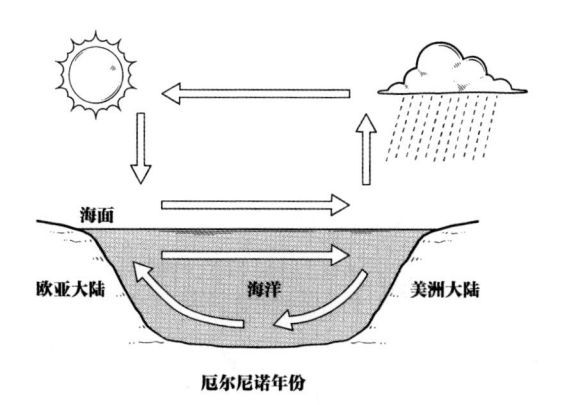

正常年份

厄尔尼诺年份

因赤道太平洋东西部海水表层温度差异而产生的纬圈热力环流叫作沃克环流。当沃克环流变弱时，太平洋东部海水变暖，形成厄尔尼诺现象；当沃克环流变得异常强烈时，就产生拉尼娜现象。拉尼娜现象多随着厄尔尼诺现象而来，一般出现在厄尔尼诺现象的第二年，有时会持续两三年。

考点

26. 拉尼娜现象对赤道附近太平洋沿岸地区的影响是
（　　）

A. 西太平洋沿岸地区出现干旱

B. 东太平洋沿岸地区出现洪涝

C. 西太平洋沿岸地区气温较常年低

D. 东太平洋沿岸地区气温较常年低

27. 厄尔尼诺现象的出现会导致赤道附近太平洋东部
（　　）

A. 沿岸涌升流增强

B. 沿岸降水量降低

C. 表层海温下降

D. 表层海温上升

内蒙古河流中的"冰虾片"

2022年10月,内蒙古的一条河流中出现了形似"冰虾片"的自然奇观,引起了广泛的关注。虽然这一现象在该地区并不常见,但在其他地区,如2018年苏格兰高地的赫姆斯戴尔河,它以"冰煎饼"的名字为人所知。河流上的泡沫在遇到旋涡的时候就变成了圆形,如果恰好在圆圈形态下结冰,就会形成"冰煎饼"。它虽然看起来像实心的圆盘,但实际上非常脆弱,拿起来的时候很容易破裂。

"冰虾片"现象的形成条件

"冰虾片"的形成需要满足特定的环境条件,以下是形成"冰虾片"的三个关键因素。

大量泡沫:河流表面的泡沫是形成"冰虾片"的基础。这些泡沫可能受到河流凹岸的侵蚀作用、地球自转产生的地转偏向力、地形特征等影响。凹岸处水流冲刷强烈,容易形成泡沫；河流落差大、流速快，也容易形成泡沫。

河面旋流：受到地转偏向力的影响，河流中的快速水流在遇到障碍物时，容易形成旋流。当泡沫被卷入这些旋流中，便开始形成圆圈。

低温环境：寒潮来袭时，河流迅速结冰，泡沫冻结，形成看似实心但实际易碎的"冰虾片"。如泡沫被卷入旋流时寒潮正好来袭，它们会迅速冻结，又由于冰的密度比水小，冰漂在水面上，便会出现"冰虾片"现象了。

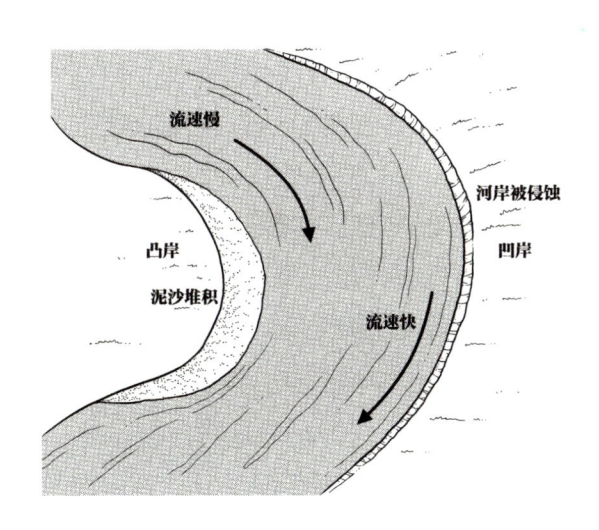

"冰转盘"现象：自然力量的杰作

内蒙古呼伦贝尔市的河道里出现过"冰转盘"，引起了公众高度关注。呼伦贝尔市历史最低气温曾达到零下58℃，这里的高纬度和低温为"冰转盘"提供了理想的条件。"冰转盘"是一种在河面上形成的圆形冰块，会随着水流的旋转而缓缓转动。

"冰转盘"与"冰虾片"成因类似,都是由于河流中的旋涡效应而产生的现象。以下是形成"冰转盘"的几个关键因素。

纬度:由于高纬度地区气温低,河流表面会形成较厚的冰层。

河道侵蚀与堆积:上面提到,河流会在凹岸处侵蚀,凸岸处堆积,原因是河道在转弯时,外侧比内侧的流速快。因此,河流外侧冲蚀力更强,此处冰块会被切割,产生断裂。又因为内外侧流速不同,断裂的冰块会发生旋转,在旋流的作用下,冰块边旋转边被打磨,逐渐形成正圆形的冰圈。因此,大多数冰圈都出现在河流的转弯处。

涌流或天然气:水流下方具有涌流或天然气,可能产生水温差,使得垂直方向上产生流动,形成类似气旋的效果,促进"冰转盘"的形成。

"冰虾片"和"冰转盘"现象是自然界中罕见且美丽的奇观,它们展示了自然力量的奇妙和复杂。通过科学的方法,我们可以更好地理解这些现象背后的原理,并为进一步的研究和探索打下基础。

> 河流流量与河流流域的降水量有关系,与落差无关。河流落差的大小受地势影响,地势高差大,河流落差大,水能资源就丰富。水从高处流到低处时有巨大的动能,可以利用这些动能发电。

考点

28. 以下不属于"冰虾片"形成条件的是　　（　）

A. 落差较小

B. 大量泡沫

C. 河面旋流

D. 低温环境

29. 在自然环境下,"冰虾片"多形成于　　（　）

A. 入海口

B. 凹岸处

C. 凸岸处

D. 河源地

神秘的"冰汤圆"

在吉林洮南四海湖国家湿地公园,摄影爱好者意外发现了一种自然奇观——湖面上密布着形状酷似汤圆的冰团,这种现象被称为"冰汤圆"。

"冰汤圆"的形成机制

四海湖位于吉林省洮南市安定镇西南部,由东、西两湖通过闸门连通组成,地处洮儿河冲洪积扇前缘,地势低洼,属于咸水湖湿地。吉林省纬度较高,冬季气温低,为"冰汤圆"的形成提供了自然条件。

四海湖的走向为西北—东南,与冬季盛行的西北季风风向大体一致。湖面摩擦力小,风力强劲,有利于冰块的移动和聚集。冷空气从高纬地区吹来,带来降温和大风天气。当地暖空气遇到冷空气冷却凝固,形成降雪。降雪积于湖面,大风吹动湖岸的粗沙砾向积雪湖面滚动,形成雪球。随着风速降低，雪球在大风的作用下堆积于湖泊东南部，随着气温变化，冻结于湖中。

由于四海湖地处平原，湖底地形起伏小，冬季风顺利南下吹动湖水，冰块会随湖水翻动，相互推挤磨圆，并最终形成圆形冰球。若遇急速降温，则湖面重新封冻，冰球被冻在湖中。湖水清澈，冰的透明度高，使得"冰汤圆"的景象得以完美呈现。

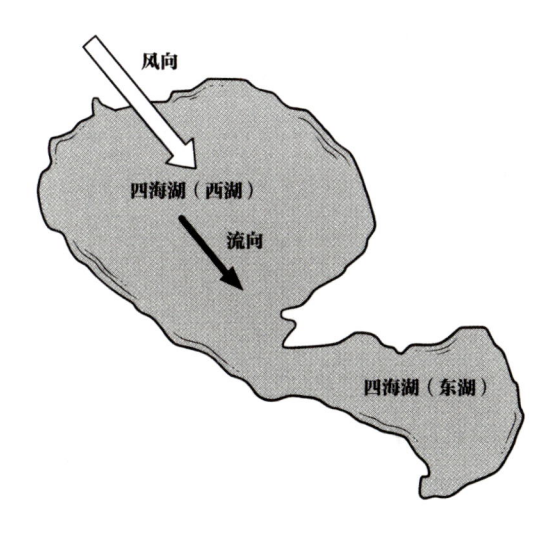

"冰汤圆"现象与当地生态系统

"冰汤圆"现象是一种自然奇观，也与当地的生态系统息息相关，主要体现在水文条件、气候反馈机制等方面。

水文条件的改变：冰层的形成和融化会改变湖泊的水文条件，包括水温、溶解氧含量和营养物质的分布。这些变化会影响水生生态系统的生产力和生物多样性。例如，冰层的融化可能会释放营养物质,促进藻类的生长,从而影响整个湖泊的生态系统。

气候反馈机制的变化:冰冻圈生态系统是气候系统最敏感的圈层之一。气候变暖会导致冰冻圈各要素的冰量总体处于亏损状态,从而影响生态系统的生境、组成结构和食物网。这种变化可能会对生态系统产生连锁反应,影响生物多样性和生态系统的稳定性。

与芬兰"冰蛋"现象的比较

"冰汤圆"现象与芬兰海滩的"冰蛋"现象成因基本类似,但存在一些差异。芬兰的"冰蛋"现象是因为强风和潮汐的共同作用将冰块推挤、磨圆并堆积在海滩上。而四海湖的"冰汤圆"则是在湖中形成的,风向和地理环境的不同导致二者表现不同。

"冰蛋"和"冰汤圆"都是自然力量共同作用的结果,展示了自然界的神奇和多样。通过科学分析,我们可以更好地理解它们的形成机制,从中获得对自然规律的深刻认识。

> 冬季四海湖主导风向为西北风,湖面的雪球容易被风吹动聚集到东南方湖岸附近的凹岸水域,受到堤坝的阻挡而停留下来。

考点

30. "冰汤圆"与"冰蛋"的主要区别是　　　　（　）
A. 气候条件不同
B. 冰面冻融不同
C. 形成位置不同
D. 风力作用不同

乔卢特卡大桥：
洪都拉斯的工程奇迹与自然力量的较量

乔卢特卡大桥是洪都拉斯乔卢特卡市的一座桥梁，跨越乔卢特卡河。这里位于热带雨林气候区，全年高温多雨，很容易形成飓风。当地政府希望这座桥能够抵御频繁的飓风和洪水，因此斥巨资，交由日本的世界知名的建筑公司设计。桥梁的设计考虑了当地的气候和地形条件，以确保其结构的稳定性和耐久性。建成后，这座桥梁因其在飓风"米奇"中的表现而闻名。

来自飓风"米奇"的考验

1998年，飓风"米奇"以前所未有的破坏力袭击了洪都拉斯，风速高达290千米/时，成为当时大西洋飓风的新纪录保持者。飓风引发的洪水淹没了无数村庄，造成了巨大的人员伤亡和财产损失，许多桥梁在这场灾难中被摧毁。飓风过后，人们惊讶地发现乔卢特卡大桥依然屹立不倒，但令人意想不到的是，乔卢特卡河改道了。这一现象引发了广泛的讨论：河流是如何改道的？是风力作用的结果吗？

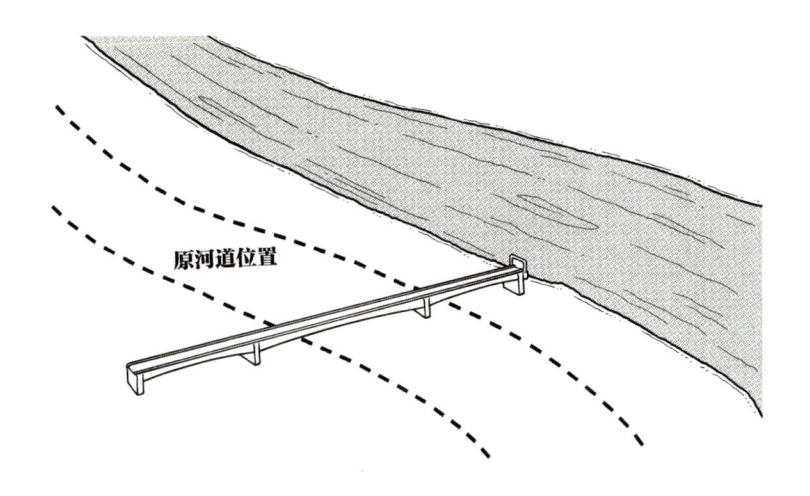

原河道位置

河流改道的科学解释

河流改道并非风力直接作用的结果，而是地理因素和自然过程的结果。飓风带来的大量降水破坏了河流两岸的植被，加强了凹岸侵蚀和凸岸堆积，因此河流弯曲度越来越大。为了保证河道位置尽可能不变，大部分河流两岸都会进行固沙。然而飓风带来大量的降水后，河水两岸起到防洪固沙作用的树木被摧毁，凹岸处侵蚀作用加强，凸岸处的泥沙不断淤积，河道弯曲程度不断加剧，最终导致河流脱离桥面。

令人惊奇的是，五年后，乔卢特卡河在没有人类活动干扰的条件下，通过自然裁弯取直，重新回到了大桥下方。这是因为河道弯曲到一定程度时，同一侧的两个河弯之间的距离会越来越短，在地势平坦的条件下，河流便可能冲开狭颈，自然裁弯取直。因为之前飓风的影响，河流两岸附近没有人类活动干扰，乔卢特卡河便顺利地回到了原位。这一现象再次证明了自然力量的不可预测性和强大恢复力。

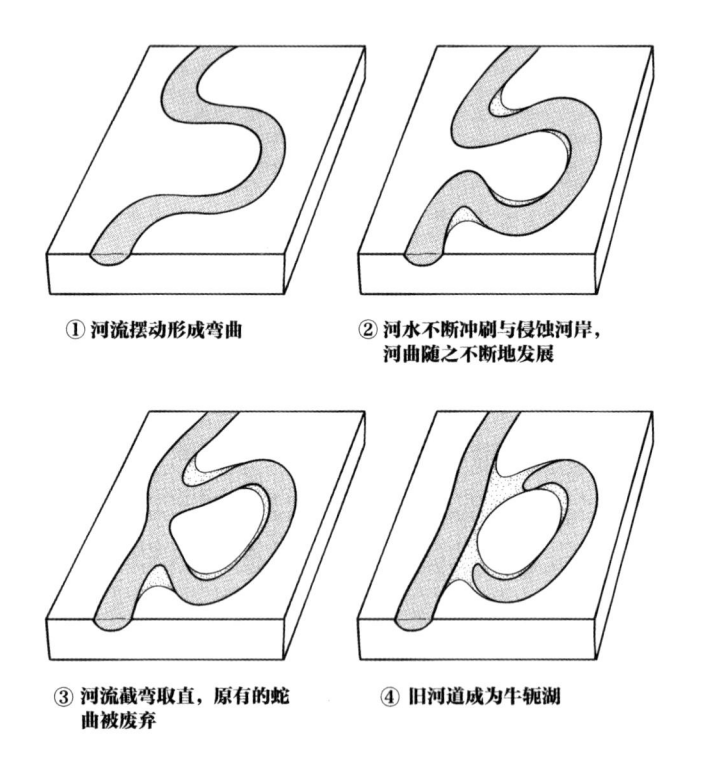

① 河流摆动形成弯曲

② 河水不断冲刷与侵蚀河岸，河曲随之不断地发展

③ 河流裁弯取直，原有的蛇曲被废弃

④ 旧河道成为牛轭湖

乔卢特卡大桥的故事不仅是一个关于工程质量的案例，更是一次关于自然力量的深刻教训。它提醒我们，在设计和建造工程设施时，必须充分考虑自然环境的复杂性和动态性。

> **tips**
>
> 河流改道是一种普遍现象，我国黄河在历史上也曾多次改道，从公元前 2 世纪到 20 世纪，有两千年之久。与之类似的还有亚马孙河，地势平坦，水情复杂，历史上多次发生改道现象，南美各国都没有在该河上修建任何桥梁。

考点

1998年10月22日,超强飓风登陆中美洲洪都拉斯地区,最大风速达290千米/时,降水量达1000毫米。飓风过后,该地的乔卢特卡大桥与河流分离。完成下面小题。

31. 乔卢特卡大桥脱离河道的原因是　　(　　)

　　A. 风力作用　　　B. 流水作用

　　C. 海水作用　　　D. 冰川作用

32. 河流自然裁弯取直最可能发生在　　(　　)

　　A. 地形平坦处　　B. 地势陡峻处

　　C. 河流入海口　　D. 河流溯源地

2022 年川渝地区高温现象：自然因素与社会影响

2022 年夏季，我国川渝地区遭遇了极端高温天气，导致了一系列连锁反应，从企业停产到水资源短缺，再到山火频发。这些事件有千丝万缕的联系，下面我们将逐步探索、分析现象背后的原因。

川渝地区高温的自然因素

川渝地区高温主要是受副热带高气压带及地形特征的影响。

副热带高气压带：副热带高压对中高纬度地区和低纬度地区之间的水汽、热量、能量的输送和平衡起着重要的作用，是大气环流的一个重要系统。副热带高压控制的区域盛行下沉气流，因此气温高，晴天多，气候干燥。2022 年夏季，副热带高气压带异常强烈，与北非 – 伊朗高压相连，形成了一个稳定的高压区。这种稳定的气压格局很难被打破。

地形特征：川渝地区位于四川盆地，升温时热空气容易在此不断堆积，不易散热。重庆周围的褶皱山脉进一步加剧了这一现象，即使冷空气光临也会被层层阻挡，因此降水少，河流补给少。再加上气温高、蒸发旺盛，川渝地区的气温居高不下。

川渝地区高温的社会影响

电力短缺与企业停产：四川省位于地势第一、第二级阶梯的过渡地带，河流众多，是我国水电大省，境内有白鹤滩、溪洛渡等数十个水电站来维持供电。但高温天气使得降水量变小，蒸发加快，河流水位自然下降乃至枯竭，因此缺少湍急的水流发电。

极端高温影响下的四川省用电量激增，而水电产能却因降水不足而大幅下降。然而，即使在供电能力下降的情况下，四川的水电依然需要向外省输送。目前四川省已经形成了"六直八交"的电力外送通道，输送区域包括华东、西北、华北、华中地区等。在供电不足的情况下，电网大多会优先供电给人群聚集更多、等级更高的街道，并给各大厂区定时输电，以此来平衡用电需求。为了确保民生用电需求得到满足，成都、重庆等地的许多企业不得不面临限电甚至停产。

经济损失与山火灾害：降水减少，蒸发加快，部分地区旱情严重，粮食大幅减产。在航运方面，嘉陵江水位下降，一些轮渡被迫停航。此外，高温天气还增加了山火的风险。由此可见，水资源短缺对生态系统和人类活动都构成了严重威胁。

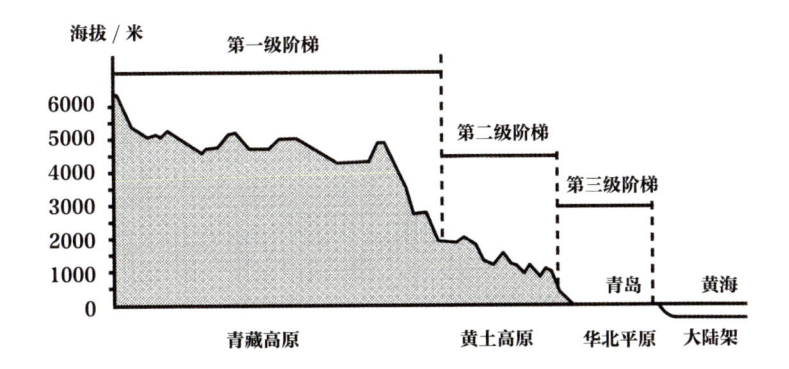

```
海拔/米        第一级阶梯
6000    ┌─────────────────┐
5000                      │  第二级阶梯
4000                      └──────────┐
3000                                 │  第三级阶梯
2000                                 └──────┐
1000                                    青岛 │ 黄海
   0                                        └──────
      青藏高原            黄土高原      华北平原  大陆架
```

2022 年南方其他地区高温

2022 年夏季，中国南方其他地区也普遍遭遇高温天气。副热带高压的北移导致了长江中下游地区出现伏旱，对农业生产和人类生活产生了广泛影响。伏旱不仅会导致农业减产，还会影响工矿业用水、生活用水和航运事业。此外，伏旱也可能引发疾病，危害人畜健康。

2023 年北方高温

2023 年 7 月，华北地区遭遇了极端高温。锋面雨带尚未到达，高压脊控制下盛行的下沉气流造成下沉增温效应，天气持续晴朗，加上夏至节气前后的长日照时间，共同推高了气温。

6 月下旬，华北地区正在受高压脊的控制，盛行下沉气流，所以多晴天。此时的锋面雨带在长江中下游地区，当地正处于梅雨季节，长时间的阴雨天使气温迟迟无法攀升。在北方 40℃高温的同时，南方的诸多城市，如武汉的温度却长时间维持在 28℃ 左右，"居低不上"。相比而言，华北地区就显得更热了。

此时正值夏至节气前后，北方白昼时间长，长时间的日照有利于高温的出现和维持。

厄尔尼诺现象预警

2023 年 7 月 4 日，联合国世界气象组织宣布，厄尔尼诺现象七年来首次在热带太平洋出现。世界气象组织预测称 2023 年至 2027 年有 98% 的可能打破 2016 年的高温纪录。所以这份预警的意思其实是：真正最热的天，还没到来呢！

那些我们认为触手可及的资源，如果真的被无节制地使用，也许就会在某一天突然变得可望而不可即。希望大家在理解地理学知识点的同时，也能将其融入我们的生活当中。尽管温度攀升，但我们能否把空调温度调到 26℃ 以上，做到即开即用、人走断电，杜绝浪费？或许你可能觉得异常气候离你还很遥远，但你无法保证下一次它不会出现在你身边。

> 地势，指地表形态起伏的高低与险峻的态势，包括地表形态的绝对高度和相对高差或坡度的陡缓程度。人类对地势的利用表现在工程水利、建筑和军事等方面。

考点

33. 四川盆地属于什么气候类型? （　）
   A. 温带季风气候
   B. 高原山地气候
   C. 热带季风气候
   D. 亚热带季风气候

绝美地冰花的地理奥秘

在寒冷的冬季，雪白的地冰花如同晶莹剔透的水晶，形态各异，美不胜收。然而，一旦被触碰，它们便会化为一摊冰水。它们就是霜柱，又因酷似金针菇，被称为冰针菇，通常出现在宁静的冬夜。下面我将详细地阐述地冰花的形成原因和形态特征。

地冰花的形成条件

地冰花是一种自然现象。第一，需要有适当的温度条件，一般来说，气温要在0℃以下并持续一段时间，土壤缝隙中向上蒸发的水蒸气在遇到冷的表面时可以迅速凝结成小水滴。第二，土壤要松软、潮湿，充足的水汽沿土壤缝隙上升，并有足够的空间"生长"，继续从土壤吸收水分。第三点也是最重要的一点，地温要高于气温。一要保证土壤下的温度高于0℃，否则土壤中的水分会冻结；二要保证地表温度低于0℃，这样水汽才能迅速结冰，形成地冰花。第四，风速较小，否则水汽易被风吹散。随着时间的推移，冰晶继续"生长"，形成细长而尖锐的结构，即霜柱。霜柱通常呈现白色或透明的外观，针状、柱状或锥状。

地冰花的形态与结构

地冰花在寒冷地区和高山地区经常出现。它们给人们带来视觉上的享受，具有气候和环境研究价值。值得注意的是，霜柱是脆弱的冰结构，易碎，因此在观赏时需要保持谨慎，避免触碰。

网上有一则笑话，讲的是地下较暖，土里的水宝宝说："不行了，我得出去，我要蒸发。"于是它从土地的裂隙里钻了出来，可刚一出来它就冻哭了："外面怎么这么冷啊！"地下的其他水宝宝不相信，一个接一个地往外挤，最终地冰花越长越高。这则笑话生动地描写了地冰花的形成过程。

> 在寒冷的冬夜，当气温低于0℃、风速较小时，水汽沿着温暖的土壤缝隙向上蒸发，产生凇结。

考点

34. 利于地冰花形成的天气条件是 （　　）

　　A. 风力较大　　　　B. 气温低于地温

　　C. 地表气温在 0℃ 以上　D. 水汽含量较少

35. 地冰花最有可能分布在 （　　）

　　A. 长江中下游平原　B. 青藏高原

　　C. 内蒙古高原　　　D. 三江平原

36. 地冰花通常出现在 （　　）

　　A. 阴雨的夏夜　　　B. 晴朗的夏夜

　　C. 大风的冬夜　　　D. 无风的冬夜

黄河入海口的自然奇观：冰封"潮汐树"

在黄河入海口的滩涂上，"潮汐树"披上了"冬装"。"潮汐树"不是树，是发育在潮滩上的一道道潮沟。之所以叫这个名字，是因为从天空俯瞰，一条条潮沟犹如生长在海滩上的参天大树。潮汐过程中，海水涌入潮沟，低温凝结后的"潮汐树"景观令人叹为观止。

"潮汐树"的发育环境

"潮汐树"的形成是一个奇妙的自然过程。在寒冷的冬季，海水涌入潮沟，低温使得海水凝结，最终形成冰封的"潮汐树"景观。这一过程展示了大自然的鬼斧神工，也为我们提供了一个了解潮汐作用和地理环境的窗口。

什么样的地理环境更适合形成"潮汐树"这一地理景观呢？大致需要满足以下四个条件：第一，滩涂面积大且松软，有足够的空间和条件形成像树杈一样的潮沟。第二，海岸坡

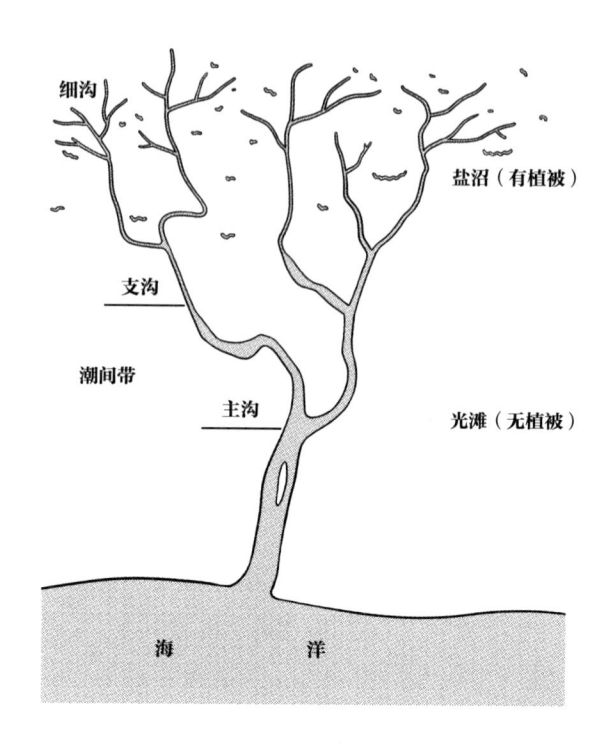

图中标注:
- 细沟
- 盐沼（有植被）
- 支沟
- 潮间带
- 主沟
- 光滩（无植被）
- 海洋

度平缓，这样潮水才能冲上滩涂。第三，含水含沙量大，利于泥沙淤积。第四，潮水涨落幅度大，这样可以使更大面积的滩涂接受潮水的冲刷。落潮时，潮水回落海面，落差大，流速快，以冲蚀作用为主，在潮滩上冲刷形成冲沟。

黄河作为中国的第二长河，以其含沙量大、泥沙淤积而著名。在黄河入海口，这些条件为"潮汐树"的形成提供了理想环境。河水与海水的相互作用、潮水的涨落，共同塑造了这一独特的自然景观。

"潮汐树"一般伴随潮汐作用"生长"。涨潮时，海水逆推河水，向上爬升，流速较慢，形成淤积；落潮时，潮水回落海面，落差大，流速快，以冲蚀为主，潮水在潮滩上冲刷形成冲沟。日复一日，潮水不断加深沟槽，伴随溯源侵蚀，汇流面积不断增加。在侧蚀和溯源侵蚀的共同作用下，潮沟的主干和树枝状分汊逐渐壮大，最终形成了壮观的"潮汐树"。

> 植物中的"潮汐树"是红树，是一类特殊的树种，生长在潮间带或沿海湿地中。它的生长需要特定的地理环境条件，黄河沿岸并不适合红树生长。

考点

37. 利于潮沟发育的时期是　　　　　　　　　　（　）

　　A. 涨潮时

　　B. 高潮时

　　C. 落潮时

　　D. 低潮时

38. "潮汐树"主要发育在　　　　　　　　　　（　）

　　A. 基岩海岸线

　　B. 淤泥质海岸线

　　C. 砂质海岸线

　　D. 生物海岸线

黄河清澈时刻：季节性变化与生态治理成果

黄河作为中华民族的母亲河，因其河水携带大量泥沙呈现黄色而得名。其泥沙含量高主要归因于两方面：一是黄河流经黄土高原地区，植被覆盖较少，加之处于温带季风气候区，夏季降水集中，且多暴雨，严重的水土流失导致黄河携带大量泥沙；二是黄土高原地区土壤结构疏松，以及不合理的土地利用加剧了水土流失。

黄河水质改善的影响因素

季节性因素：冬季，黄河流域降水量减少，河流流量相应减少，对河床和岸线的冲刷力度降低，使得河水携带的泥沙量变少。同时，冬季低温导致黄土层冻结，土壤渗透性降低，河流对黄土的冲刷作用减弱，因此河水在这一季节相对清澈。

生态治理工程：近年来，我国在黄土高原地区实施了一系列生态治理措施，包括植树造林、退耕还林、梯田建设等，能够有效保持水土，减少水土流失。此外，黄河流域的水库，如万家寨水库，不仅可以对河水流量起到调节作用，还可以通过滞留和净化泥沙及污染物来改善水质。新建、改建的淤地坝和拦沙坝等工程，以及坡耕地改建梯田的措施，进一步减缓了水土流失。

全球气候变化：全球变暖导致的大气环流紊乱，可能使黄河上游集水区降水量减少，减缓了水土流失，这也是黄河水质改善的因素之一。

总之，黄河水质的改善具有阶段性和季节性的特点。冬季上游来水减少，水流减缓，泥沙自然沉淀，河水相对清澈。然而，这种清澈状态需要持续的生态保护治理工作来维持和优化。

全球变暖对黄河水质来说意味着什么？

降水模式的改变：全球变暖可能导致降水模式发生变化，如季风减弱，降水量小，这会影响黄河的水源补给，进而影响水质。降水是黄河重要的补给水源之一，水量过少会影响河流的自净能力，导致水质恶化。

蒸发量的增加：全球变暖导致气温升高，增加河道的蒸发量，这可能会使黄河水量减少，使得河水中的污染物浓度相对增加，影响水质。

冰川融化：全球变暖导致冰川融化加快，短期内可能会使黄河水量增加，但长期来看，随着冰川的持续退缩，黄河的补给水源减少，影响水质和水量的稳定性。

水土流失的加剧：全球变暖可能加剧干旱和半干旱地区

的干旱状况，导致植被覆盖减少，土壤侵蚀加剧，增加流入黄河的泥沙量，影响水质。

农业用水的增加：全球变暖可能导致农作物灌溉需求增加，进而使得农业用水耗水量增加，更多的化肥和农药残留流入黄河，会加剧水质污染。

水生生态系统的变化：全球变暖可能改变水生生物的栖息地和繁殖周期，影响黄河的生物多样性，进而影响水质和生态平衡。

极端气候事件的增多：全球变暖可能导致极端气候事件，如干旱或洪涝灾害的频率和强度提高，这些事件会直接影响黄河的水量和水质。

上游水源涵养能力的变化：全球变暖可能影响黄河流域上游的水源涵养能力，导致水量和水质的季节性变化更加剧烈。

黄河水质的清澈时刻，不仅是季节变化的体现，更是我国生态保护治理成就的体现。随着生态保护意识的增强和治理措施的不断深化，黄河的清澈有望从季节性现象转变为可持续的生态状态。

> **tips** 黄河源自青藏高原的巴颜喀拉山脉，流经 9 个省和自治区，最终注入渤海。黄河的上、中、下游分界点分别是内蒙古托克托县的河口镇和河南的桃花峪，这对流域的生态治理和水资源管理具有重要意义。

考点

39. 与长江相比，黄河航运价值低的原因是　　　（　　）

①流量小

②有结冰期

③支流多，通航不便

④地上河，河床较浅

⑤矿产能源缺乏，运输需求小

A. ①②④

B. ①④⑤

C. ②③④

D. ③④⑤

绝美浪漫的"花开半树"——美丽异木棉

在广州的街头,一种独特的自然现象吸引了众多目光:树的一侧生机勃勃,花朵盛开;另一侧则满是绿叶的葱郁。这种现象被赋予了浪漫的象征意义:生命的一半是静好的,另一半则是蓬勃的。然而,从地理学的角度来看,这不只是一个浪漫的场景,更是一种值得探究的自然现象。

美丽异木棉的生物学特性

美丽异木棉属于锦葵科植物,是热带、亚热带地区常见乔木。这种植物原产于南美洲,现已在我国华南地区广为栽培。美丽异木棉以其高大的树干和茂密的树冠著称,其花朵大而醒目,淡紫红色,有时也会出现白色或黄色的变种。果实为椭圆形蒴果,外表绿色,成熟后脱落,露出白色絮状物,状如棉花团。

美丽异木棉可单独种植观赏,群植观赏效果更好,是优良的行道树和庭院绿化树。

"花开半树"的成因

"花开半树"现象的形成，主要与美丽异木棉对微气候条件的敏感性有关。当气温恰好达到美丽异木棉花开的临界值时，如果树的某一侧温度更高，这一侧就会先开花。比如在即将开花的时候，树的某一侧突然吹来一阵较暖的风，又或者某一侧阳光照射得更强烈，热量更充足，就会出现"花开半树"的现象。这种现象不仅展示了自然生态的多样性，也提醒我们，自然界中的微小变化也可能会带来显著影响。

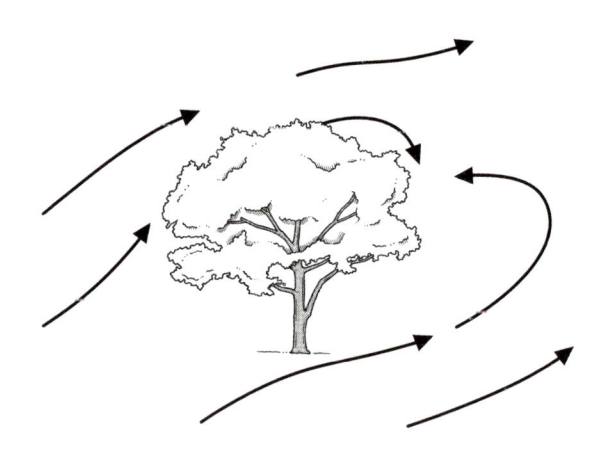

一棵树的两侧气温不同

> tips: 美丽异木棉是一种美丽而实用的树种，具有很高的观赏价值，多用作高级行道树。

考点

美丽异木棉为高大乔木,叶色青翠,花朵红粉,具有喜光、喜高温和喜湿等特点,富有观赏性。美丽异木棉花期对小区域内的微气候条件特别敏感,同一棵树在一定条件下会出现"一半先开花,一半仍为树叶"的现象。据此完成下面小题。

40. 出现"花开半树"景观的最主要原因是（　）

A. 气候条件不同　　B. 人为活动干扰

C. 植物敏感性强　　D. 汽车尾气排放

41. 下列不属于道路两旁种植异木棉的社会价值的是（　）

A. 美化环境,净化空气

B. 缓解城市热岛效应

C. 观赏性强,吸引游人

D. 改善盐碱地,削减洪峰

"彩虹树"：自然界的多彩景观

杭州市临安区的临安博物馆院区内，有一棵独特的树，因其每年秋季呈现从上到下的红、橙、黄、绿四色渐变，被誉为"彩虹树"。这种现象让人赏心悦目，也引发了人们对这一现象的好奇和探究。为什么一棵树上能够同时展现出四季的色彩？这种现象背后的科学原因是什么？

"彩虹树"的形成原因

"彩虹树"的变色过程与秋季的气候变化密切相关。随着天气逐渐变冷，树叶大多从绿色逐渐转变为黄色、红色。然而，"彩虹树"的独特之处在于树叶的变色并不是整体进行的，而是呈现一种从上到下的渐变效果。这种现象的成因可以从以下几个方面进行分析。

光照：树顶端接收到的光照最强，这会促进花青素的合成，使得树叶变红。而树的中段和下段由于光照强度较弱，花青素的合成量少，因此颜色由红色过渡到黄色和绿色。

温度：树顶部由于受到的风力影响更大，温度较低，这会促进叶绿素的分解，从而使树叶变红。而树的中段和下段由于受到周围建筑物的遮挡，温度相对较高，叶绿素分解较慢，因此颜色变化较顶部更慢。

水分和肥力：虽然水分和肥力在一棵树上的差异一般不大，但它们也会对树叶的色素含量和变色过程起到一定的影响。

导致树叶颜色不同的原因有很多，有些品种对小区域的微气候条件特别敏感（如上一节提到的美丽异木棉）。寒冷的风吹过、路灯的照射、房屋的阻挡都可能让树叶产生不同的色彩。植物对温度的变化有着令人难以置信的敏感性。研究表明，植物甚至可以感知到低至1℃的温度变化。这种敏感性使得植物能够及时调整自身的生理活动，以适应环境的变化。但是能出现临安博物馆院区内这样集多种颜色于一身的"彩虹树"，绝对可以称得上天时地利人和。

"彩虹树"是自然界的一道美丽风景，也是展示植物适应环境变化的绝佳例证。通过深入研究这种现象，我们可以更好地理解植物的生理机制和生态系统的复杂性。

> 植物对于温度的变化有着令人难以置信的敏感性——它们可以感知到低至1℃的温度变化。

考点

42．"彩虹树"最可能出现的季节是　　　　　　　（　）

A．春季

B．夏季

C．秋季

D．冬季

43．"彩虹树"的主要影响因素是　　　　　　　　（　）

A．光照与温度

B．河流与水源

C．土壤肥力

D．人类活动

班克斯半岛的"牙刷树"：
自然选择与地理环境的杰作

新西兰，一个位于太平洋西南部的岛国，以其独特的地理条件而闻名。新西兰由南岛、北岛两大岛屿及其周边小岛组成，属于温带海洋性气候，这种气候特征为当地的自然景观和生物多样性提供了丰富的资源。新西兰的班克斯半岛是远古火山活动的结果，其壮丽的海岸线和周围的海湾是地球剧烈地质活动的见证。

"牙刷树"的形成机制

在班克斯半岛，一种独特的树木形态引起了人们的注意——大树的树枝和树叶呈现类似牙刷的形态，只有半边树枝和树叶。这种形态的形成与该地区常年盛行的西风有关。由于西风带的持续影响，加之地转偏向力的作用，这里的树木逐渐适应了单向风力的环境，树枝和树叶的生长方向发生了改变，形成了类似大刷子的形态。简单来说，一年四季，

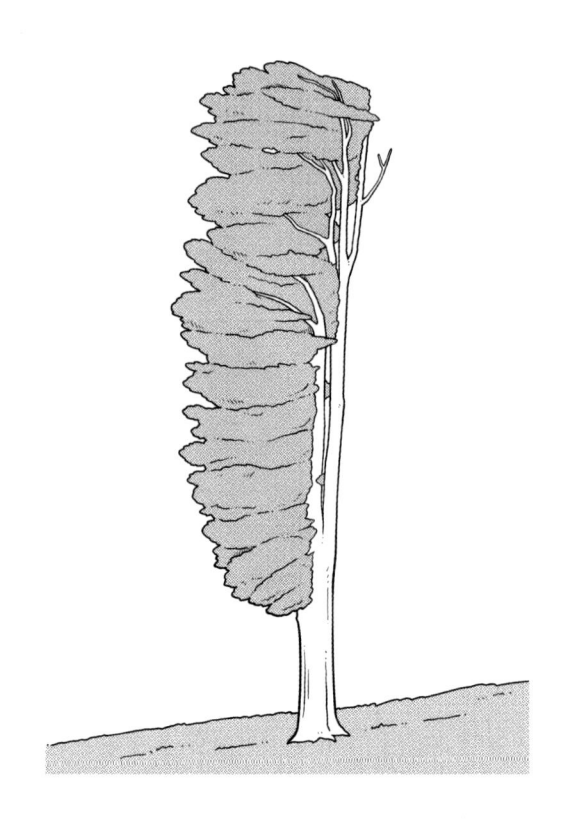

风都一直往同一个方向吹,且盛行西风的风速大,所以当地的大树的形态基本都如此。这种现象在南纬 40° 附近尤为明显,因为这一纬度位置全年都受到盛行西风带的控制。

除了盛行西风的影响,新西兰的地理环境还对风向的稳定性起到了关键作用。由于四面环海,陆地面积小,地形平缓,风向在这里得以保持相对稳定。相比之下,南、北纬 40° 的其他地区可能会受陆地形态、海陆热力差异等因素的影响,风向产生变化。由于风向十分稳定,班克斯半岛的树木能够根据风向调整自身的生长方向,最终形成了这种形态。

班克斯半岛上的树冠朝哪个方向长？

班克斯半岛是典型的火山地貌，这里以古老的火山口地貌为主，其独特的地貌对树木的生长特点产生了影响。其中最为显著的是树冠倾斜现象，即树冠朝向东南方向生长，这与该地区盛行的西北风方向相反。这种树冠倾斜现象是树木对环境变化的一种适应，也是自然环境演化的指示。

班克斯半岛的"牙刷树"是自然选择和地理环境共同作用的结果。这种独特的树木形态不仅展示了生物对环境的适应能力，也反映了地球地质活动的深远影响。

> 新西兰位于太平洋板块和印度洋板块的交界处，此处地壳活跃，岩浆上涌，为新西兰带来了丰富的地热资源。这种地热活动不仅影响了当地的地貌，也为当地生态系统提供了独特的条件。

考点

44. 新西兰地热资源丰富的主要原因是　　　　　　　（　）

　　A. 四面临海，海沟深邃

　　B. 位于板块的交界处

　　C. 山脉纵横，断层发育

　　D. 地下水普遍埋藏较深

南北方冬季寒冷度对比：科学视角下的分析

冬季来临时，南北方的寒冷度常常成为热议的话题。从地理学和气象学的角度来看，这个问题涉及气温、湿度、风速等多种因素。

气温与体感温度

首先需要明确的是，气温与体感温度是两个不同的概念。气温是指大气中的温度，而体感温度是指人体实际感受到的温度。南方地区大多属于亚热带季风气候，降水较多，蒸发较少，导致空气中相对湿度较大。高湿度使得空气中的水分与人体表面的水分快速交换，加速了皮肤表面热量的流失，体感更寒冷。因而，虽然南方地区冬季气温没有北方低，但由于空气中的湿度较高，体感温度往往会更低。

相比之下，北方地区大多属于温带季风气候，冬季寒冷干燥。干燥的空气减缓了热量的流失，因此北方的冷又被称为"物理攻击",而南方的冷则被称为"魔法攻击"。北方的寒冷程度在不同地区也有所不同,例如东北地区的寒冷程度通常高于华北地区。

在相同的气温条件下,南方的体感温度更低,主要是由于湿度的影响。

漠河极寒的地理原因

漠河是中国最北的城市,常常出现极端低温。2023 年,漠河的最低气温达到了零下 50℃,这一温度甚至低于同时期的北极和南极。漠河为何如此寒冷呢?

我们知道,南极、北极受到的太阳辐射少,气温低,气流下沉,形成了极地高气压带。北极地区附近是北冰洋,四周陆地较少,由于水的比热容大于陆地,升温、降温较慢,所以在冬季,极地涡旋南移至东西伯利亚山地附近,离我国更近,对漠河地区的影响更大。西风带的扰动使得极地涡旋进一步南下,加剧了漠河的寒冷。

对比同纬度的欧洲地区,在远离极地涡旋的同时,还有较强的海洋性气候,沿岸有暖流增温增湿,冬季温度较高。

漠河市是中国气温最低的城市,局部气候差异显著。冬季,漠河受极地大陆气团控制,气候寒冷、干燥。

零下 50℃对人体的影响

互联网上有人说,漠河的零下 50℃还没有南方的零下 5℃冷。其实在绝对温度面前,因为湿冷而造成的体感温度降低就显得微不足道了。有句玩笑话说：在南方说"冻死了"是一种形容，在北方说"冻死了"是说死因。

零下50℃的低温对人体的影响是极其严重的。在这种极端寒冷的环境中，人体很难保持正常的体温，容易出现体温过低、寒战、心肺功能衰竭等症状。暴露在这样的低温环境中，皮肤会冻伤，出现冻疮、皮肤变白、皮肤麻木等症状。同时，呼吸道也容易受到冷空气的刺激，可能导致咳嗽、呼吸困难和气管痉挛等问题。因此，在这种低温环境中，必须采取严密的防护措施，保持体温，保护皮肤和呼吸道，同时注意防范冻伤和其他危险。

南方和北方的寒冷度差异不仅在于气温的高低，更多体现在体感温度和环境条件的综合影响上。南方的湿冷和北方的干冷各有特点，对人体的影响也各不相同。从科学的角度分析这些差异，可以帮助我们更好地了解和应对不同地区的冬季气候条件。

> 一定质量的某种物质，在温度升高时吸收的热量与它的质量和升高的温度乘积之比，叫作这种物质的比热容。单位质量的某种物质，温度降低1℃所放出的热量，与它温度升高1℃所吸收的热量相等，数值上也等于它的比热容。

考点

45. 影响体感温度的因素有 （　）

①气压　②湿度　③风速　④温度

A. ①②③

B. ①②④

C. ②③④

D. ①③④

46. 漠河出现极端低温的主要原因是 （　）

A. 纬度相对较高

B. 寒流

C. 植被覆盖率低

D. 极地涡旋南移

秘鲁彩虹山：大自然的地质奇观

秘鲁的彩虹山，毛利人称之为芒加卡卡拉米亚，意思是"彩色泥土的山"，是一处令人叹为观止的自然景观。山头是不寻常的圆形山顶，被称为蒂希奥鲁阿，意思是"猫头鹰的栖息地"。山坡仿佛由一道道彩虹拼接而成，好像上帝打翻的调色盘。各种各样的颜色，从山脚处一直延伸到山顶上，五彩斑斓，美不胜收。独特的地貌特征和丰富的色彩，使其成为地质学和旅游学的重要研究对象。

彩虹山的地质成因

彩虹山位于南美洲西部的安第斯山脉中段，处于美洲板块和南极洲板块的消亡边界，板块间的相互挤压导致了山脉的形成。地质学研究表明，彩虹山的形成经历了复杂的地质过程。

该地区经历了长期的地质沉积，形成了富含矿物质的岩石层。板块间的相互挤压不仅抬升了地壳，还引发了火山活动，导致岩石在高温下发生变质作用，形成了各层岩石。冰川侵蚀和风力侵蚀使得地壳的断层剖面暴露于地表。全球变暖也可能加速了这一过程，使得彩虹山的岩石层得以显现。

彩虹山的山坡呈现出五彩斑斓的色彩，是由于不同岩石层的矿物质含量不同。岩石的剖面如同彩虹千层蛋糕，展示了地壳的多层次结构。彩虹山的地貌不仅是自然美的象征，也是地质学研究的宝贵资料。

张掖彩色丘陵与秘鲁彩虹山的对比

中国的张掖彩色丘陵与秘鲁彩虹山虽然都以色彩斑斓而闻名，但它们的形成机制和地质特征有所不同。张掖彩色丘陵位于甘肃省中部，当地气候干旱。张掖丘陵地貌主要由沉积岩组成，其色彩的形成与沉积环境和气候条件密切相关。在气候湿润的历史时期，红层在沉积和成岩过程中因不同环境因素的变化而形成不同颜色。随着时间的推移，这些岩石层被埋藏，受到内力作用后发生褶皱，形成了波浪状地貌。张掖彩色丘陵是中国北方干旱地域发育最典型的丹霞地貌，也是国内唯一的丹霞地貌和彩色丘陵高度复合区，色彩绚烂，观赏性极强。

丹霞地貌和彩色丘陵受到的侵蚀作用主要是水体、风力和气候等因素所致，这些因素对地貌形成和演化都起到了重要的作用。彩色丘陵质地较软，抗侵蚀能力较弱，因此会被侵蚀为丘状，与我国南方丹霞地貌那样的垂直节理发育不同。

相比之下，彩虹山的形成更多是受到板块运动和火山活动的影响，沉积作用、变质作用和外力侵蚀作用共同塑造了其独特的地貌。张掖丹霞地貌和彩虹山在形成原因、地质特征和颜色上都有所区别，但它们都是大自然鬼斧神工的杰作。

让人感叹的是，有些地理课本中看似枯燥无聊的知识点，当你有一天亲眼看到它时，会突然体会到它的魅力，为之惊叹不已。你要去观世界，才会有世界观！

> 丹霞地貌和彩色丘陵都是地球上独特的地貌景观，它们的区别主要在于组成岩石或土壤的类型和颜色。丹霞地貌主要由红色、橙红色的砾岩或砂岩组成，而彩色丘陵的颜色则多种多样，来自不同的矿物质或化学元素的沉积或氧化。

考点

47. 构成彩虹山的岩石主要是 （　　）

A. 花岗岩

B. 玄武岩

C. 板岩

D. 砂岩

48. 张掖红色丘陵的形成过程是 （　　）

A. 固结成岩—地壳下沉—水平挤压—风化剥蚀

B. 固结成岩—地壳抬升—水平挤压—风化剥蚀

C. 地壳下沉—固结成岩—水平挤压—地壳抬升

D. 固结成岩—水平挤压—地壳抬升—风化剥蚀

台风"杜苏芮":气象影响与灾害管理

2023年第5号台风"杜苏芮"从强台风级增强为超强台风级,对台湾、福建、浙江等地区造成严重影响,引发了洪涝和地质灾害。本文将从气象学和灾害管理的角度,分析台风"杜苏芮"所带来的影响及台风路径的影响机制。

"杜苏芮"对京津冀地区的影响

尽管台风"杜苏芮"主要影响的是东南沿海地区,但其残余势力对京津冀地区也产生了显著影响。在台风登陆福建期间,京津冀地区遭遇了极端降雨天气,出现了严重的洪涝灾害。这股降雨势力范围广泛,影响深远,给当地带来了水灾和财产损失。

台风"杜苏芮"的波及范围很大,即使台风中心尚未北上,其残存的势力已经触及华北地区。华北地区的北部和东部受到高压脊的控制,气流下沉,与台风形成的低压势力相反,相当于切断了水汽北上的线路。太行山脉的地形又阻挡了水汽向西蔓延,因此"杜苏芮"的残余环流在华北地区大量释放能量,形成短时强降雨。

此外,第6号台风"卡努"的北上也为华北地区输送了大量水汽,进一步加剧了降雨强度。京津冀地区的降水量在短时间内累计超过800毫米,这一降水量甚至超过了年等降水量线的划分标准,显示了极端天气事件的严重性。

面对特大洪涝灾害,加强监测预报和及时发布预警是关键。相关部门应及时转移灾区人口,减少人员伤亡。对于容易出现洪涝灾害的区域,应加强管理,建立健全防灾减灾保险体系。同时,加强宣传教育,提高居民的防灾减灾意识和应急自救能力,加大救灾物资储备投入力度,确保灾区物资供给充足。

台风的路径受哪些因素影响?

从1979年到2022年,发生过21次台风在即将登陆我国大陆的时候突然转道日本的事件。

台风的路径受多种因素影响,包括地转偏向力、气流推力、季节变化、地形等。台风的发源地多在西北太平洋,这里靠近赤道,水温偏高,能产生大量水汽,且离赤道有一定的距离,有足够的地转偏向力促使台风形成。越靠近两极,地转偏向力越大,台风北侧受到的地转偏向力相对更强,因此台风的大体路径都是从南向北的。另外,台风生成后也会受到气流推力的影响,在赤道北侧的东北信风带的推动下,台风的大体路径是自东向西的。两者合力，促使台风向我国东南沿海地区移动。在春夏时节，由于副热带高气压带阻挡台风北上，台风只能一路向西，影响中南半岛和我国两广地区一带。但是夏季到来，气压带、风带北移，副热带高气压带北移，台风便向西北移动，吹向我国东南沿海地区。随着时间的推移，进入9月份，副热带高气压带可能会产生缺口，台风如果乘虚而入，便会进入西风带的地盘。原本向西北方向移动的台风，会在西风的影响下即刻转向东，向日本的方向吹去。

> tips
>
> 台风停止编号，是指当台风能量不足并衰减为热带低压或变性为温带气旋时，气象台不再发出有关报告。台风停止编号并不意味着台风消亡，其残余势力依然可能造成影响，即使风雨造成的直接影响不大，但如与前期汛情叠加，可能产生次生灾害。

考点

49. 我国台风高发的季节是　　　　　　　　　　　（　）

　A. 夏季

　B. 秋季

　C. 春季

　D. 冬季

50. 台风"杜苏芮"对当地的影响是　　　　　　　（　）

　A. 改变海陆风分布格局

　B. 气压下降，风力变小

　C. 带来极端降雨天气

　D. 影响全球大气环流

重庆巫溪"刀片山":喀斯特地貌的奇迹

"他强任他强,清风拂山岗",在中国重庆巫溪的崇山峻岭中,隐藏着一处令人叹为观止的自然奇观——"刀片山"。这座山峰以其独特的形态和险峻的山脊而闻名,其山脊宽度仅有 1.5 米,最窄处仅 0.6 米,山形薄如刀片,却已屹立上亿年。更令人称奇的是,"刀刃"上长满了翠绿的树木,更显其生命力。

"刀片山"的形成与演变

"刀片山"是典型的喀斯特地貌,其形成和发展经历了复杂的地质过程。最初,这里是一片汪洋,海洋沉积物经过漫长的地质演变形成了碳酸盐地层,即石灰岩,这为喀斯特地貌的形成提供了基础。随着地壳运动,岩层向上抬升,出现褶皱和断裂,这一过程与常规喀斯特地貌的形成过程相似。然而,随着时间推移,岩层被挤压到以近乎 90° 的角度垂直于地面,从剖面图来看,岩层已经从水平变为垂直,为"刀片山"的形成奠定了基础。

此后,外力作用开始侵蚀岩层。由于当地处于亚热带季风气候区,气候湿热,喀斯特作用较为强烈。大气降水和地表水沿着岩层断裂处下渗,对岩块进行侵蚀和溶蚀,即流水侵蚀。这使得裂隙不断扩大加深,岩块剥落,岩层变薄,最终形成刀片状的山体。

喀斯特地貌的形成与发展

中国现代喀斯特地貌是在燕山运动以后准平原的基础上发展起来的。古近纪时期,华南地区为热带气候,峰林开始发育;华北地区为亚热带气候,晋中山地和太行山南段的一些分水岭地区至今仍遗留有缓丘-洼地地貌。但当时长江南北为荒漠地带,喀斯特发育较弱。新近纪时期,中国的季风气候形成,奠定了现今喀斯特地带性的基础。华南地区保持了湿热气候,华中地区变得湿润,喀斯特发育转向强烈。第四纪以来,地壳迅速上升,喀斯特地貌随之迅速发育,类型复杂多样。

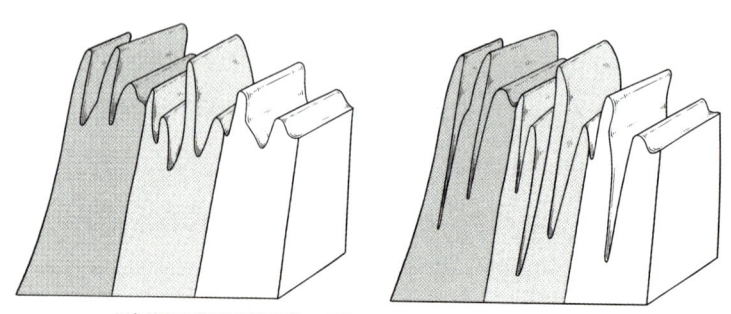

水流对岩块进行侵蚀和溶蚀,裂隙不断扩大加深,岩块剥落,岩层变薄。

喀斯特地貌的变化是缓慢而持续的。在水流的持续作用下，"刀片山"可能会进一步被侵蚀和溶蚀，最终形成喀斯特地貌中典型的孤峰和残丘。因此，当前的"刀片山"只是漫长地质演变过程中的一个阶段。

"刀片山"不仅是自然奇观，也是喀斯特地貌研究的重要案例。通过深入研究其形成机制和演变过程，我们可以更好地理解地球的地质历史和自然演变规律。

> 喀斯特地貌即岩溶地貌，是水对可溶性岩石（碳酸盐岩、石膏、岩盐等）进行以化学溶蚀作用为主，流水的冲蚀、潜蚀和崩塌等机械作用为辅的地质作用所形成的地表和地下形态的总称。"喀斯特"取自欧洲巴尔干半岛西北部斯洛文尼亚地名，那里有发育典型的岩溶地貌。

考点

51. "刀片山"属于 （ ）

　A. 流水地貌

　B. 喀斯特地貌

　C. 风蚀地貌

　D. 丹霞地貌

52. 喀斯特地貌的形成条件主要包括 （ ）

　①湿热气候　②可溶性岩石

　③水分充足　④地质运动强烈

　A. ①②③

　B. ①②④

　C. ②③④

　D. ①②④

离岸流：海岸安全的隐形杀手

夏日炎炎，海滩成为人们消暑纳凉的热门选择。然而，海滩的美景背后隐藏着一个致命的风险——离岸流。这种自然现象会对游泳者构成威胁，可能会将人卷入深海，造成溺水事故。

离岸流的形成机制

离岸流是在波浪、潮汐和地形共同作用下形成的一股强劲的、从岸边冲向外海的水流。高中地理教科书中提到过，由于秘鲁沿岸受到东南信风离岸风的影响，上升流补偿表层海水空缺，形成了秘鲁寒流。虽然离岸流和离岸风的原理不太一样，但两者都表达了"远离岸边"的意思。在风向与海岸线夹角合适的条件下，离岸风可形成向岸流，向岸风也可形成离岸流。离岸流的形成涉及以下几个关键因素。

波浪作用：当波浪涌向海岸时，部分水流会在沙滩和礁石的阻挡下形成回流。

潮汐力：涨潮时，潮汐力推动水流越过沙丘；退潮时，水流速度减缓，难以越过沙丘，导致水流寻找沙丘的缺口。

地形影响：如沙丘缺口为水流提供了突破口，形成离岸流。

在波浪和潮汐的影响下，沙滩向海面过渡的地方一般会形成细长的沙丘。涨潮时，海水能借助潮汐力的作用越过沙丘，但是在退潮时，海水的流动速度没有来时快，难以越过沙丘，因此水流会寻找沙丘缺口，试图越过沙丘。当沙丘的某处缺口被冲开时，此处便会涌出大量水流，形成离岸流。更加形象的比喻是在水池中蓄满了水的情况下，将活塞拔出来。其中的原理是一样的，强大的吸力会让你难以挣脱离岸流的束缚。

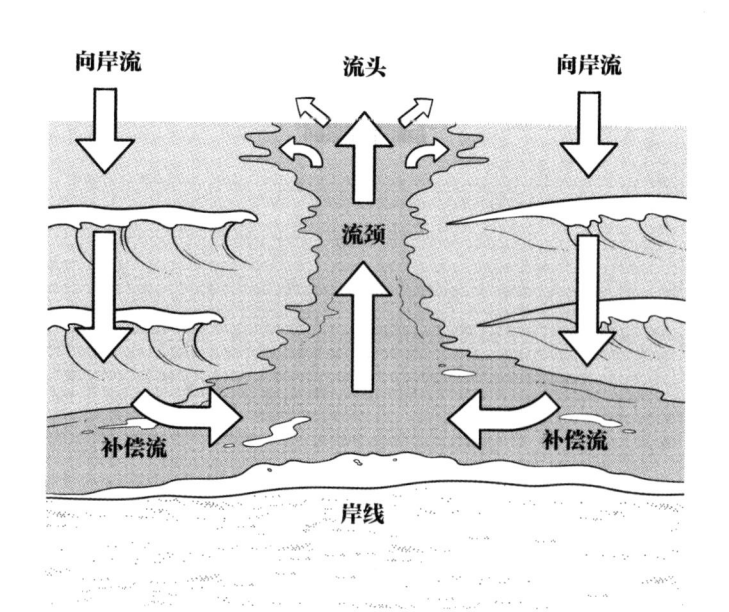

离岸流通常表现为从海岸线向深海迅速流动的狭窄水流，流速可达 2 米/秒以上。这股强大的水流会导致水面下形成"缺口"，看似平静的水面下实则暗藏危险。当人真正被卷入的时候，会感受到强大的吸力，根本无法游向岸边。

如何逃离离岸流？

离岸流严重威胁人身安全。强大的水流会将游泳者迅速卷入深海，增加溺水风险；面对突如其来的强大吸力，游泳者可能会因恐慌而做出错误的自救行为，进一步增加危险；由于离岸流的隐蔽性和突发性，救援行动的难度和风险也会随之增加。

面对离岸流，正确的应对策略至关重要。

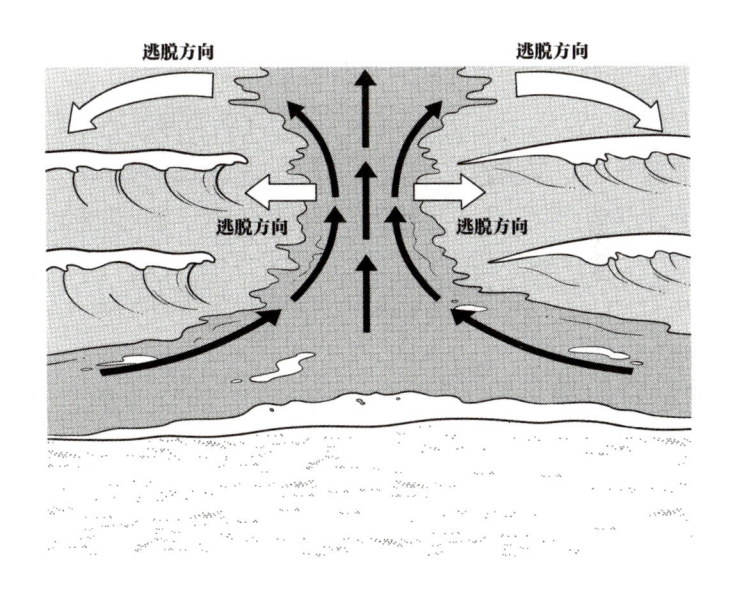

识别与预防：在海滩游玩时，注意观察海面的浪花和水流，一旦发现异常，应迅速远离海岸。

平行游动：如果不幸被卷入离岸流，应保持冷静，调整呼吸，沿着平行于海岸线的方向游动，避免直接对抗水流。

随波逐流：如果水流阻力过大，无法横向游出，应放松身体，随波逐流，等待水流平稳后再游回岸边。

在基础学科教育中，增加对离岸流灾害的科普教育，增强公众的安全意识和自救能力，是减少悲剧发生的关键。

> 离岸流包括裂流根、流颈和流头三部分。裂流根是离岸流的源头，也就是水源汇聚区。流颈是离岸流的通道，水流急速而狭窄，为离岸流宽度的最窄处，宽10多米至30米不等，流速最大。流头是离岸流向深海扩散的区域，呈扇形，可达100多米，并有显著的涡动。由于涡动影响，流头边缘必然出现泡沫带和海水浑浊现象，易于观察。

考点

53. 以下关于海南岛离岸流的说法正确的是　　（　）

A. 落潮时离岸流风险较低

B. 离岸流流向多与海岸线平行

C. 海滩缺口处离岸流多发

D. 东南部海滩离岸流冬季多发

新疆内陆海鲜养殖：技术突破与地理挑战

在全球范围内，海洋污染问题日益严重，特别是日本核污染水的排放引发了公众对海鲜安全的担忧。而新疆伊犁地区成功培育的优质三文鱼，在江苏市场取得了显著成绩，也在全国范围引发了关注。这一成就令人惊叹，又令人疑惑：在远离海洋的内陆地区，新疆是如何成功养殖海鲜的？

新疆的自然优势

新疆地区虽然缺乏直接的海洋资源，但其独特的地理和地质条件为海鲜养殖提供了可能。新疆过去曾是汪洋大海，随着地质变迁，古老的海洋逐渐演变为荒漠，留下大片盐碱地。这些盐碱地富含盐分，为模拟海洋环境提供了基础。此外，新疆的地表盐湖与海水的化学成分相似，为内陆海鲜养殖提供了天然的水质条件。人们还可以把沙漠边缘盐碱地中汇聚的盐碱水改良成人工海水。

新疆的水资源主要来自天山和阿尔泰山等山脉的冰川融水。这些冰川融水水质优良，温度较低，不利于微生物繁殖，保障了养殖水体的安全。科学家们通过技术创新，将这些自然资源调配、转化为适合海鲜生长的自然栖息地，模拟了海洋环境。

人造海洋环境包括三个部分：先进的水质处理系统、复杂的调控设施和科学的养殖方法，这三部分具有非常高的技术含量。科研人员根据不同的海产品制定不同配方的人工海水，添加微量元素和益生菌等，调整盐度，最大限度地模拟这些海洋生物的生活环境，为它们提供舒适的生长环境。目前已经成功养殖了罗非鱼、虹鳟鱼、南美白对虾等多种"海鲜"。

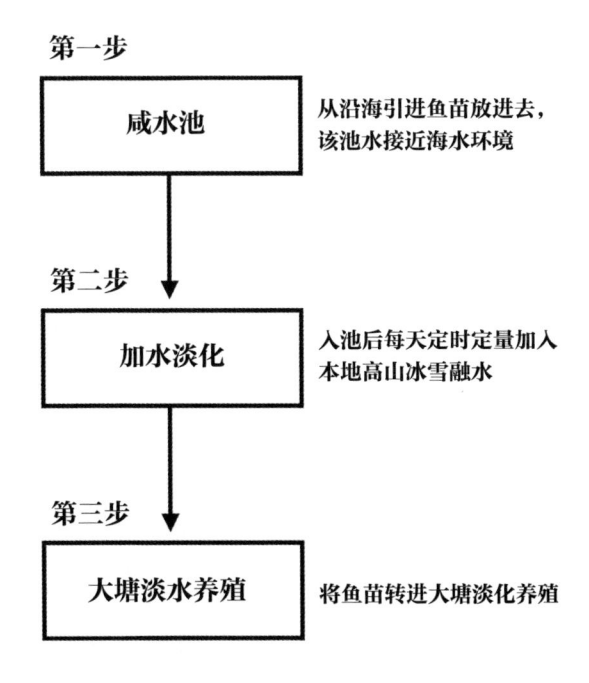

第一步
咸水池 — 从沿海引进鱼苗放进去，该池水接近海水环境

第二步
加水淡化 — 入池后每天定时定量加入本地高山冰雪融水

第三步
大塘淡水养殖 — 将鱼苗转进大塘淡化养殖

安全性与未来展望

新疆内陆海鲜养殖的显著优势是安全性高。由于地理位置远离海洋,新疆的海鲜养殖几乎不受海上台风的影响,加之相对封闭的地理环境,海洋水蒸气带来的雨水影响也非常微弱,减少了外部污染的风险。尽管目前产量有限,但随着技术的进步和产业链的完善,新疆海鲜有望在未来实现更大的市场突破。

新疆内陆海鲜养殖的成功不仅展示了科技创新的力量,也为全球海鲜养殖提供了新的思路。相信不久的将来,新疆海鲜可以成为更多人餐桌上的美味佳肴。

> 海鲜陆养是一种在内陆地区通过盐碱水改良养殖或淡化养殖的方式养殖海产品的模式。在政府和科研机构的支持下,新疆地区通过人工调配盐碱水,成功实现了海鲜的陆上养殖。

考点

54．以下不属于新疆发展海鲜陆养产业的优势条件是
（ ）

A. 光照充足

B. 盐碱水充足

C. 科技发达

D. 劳动力充足

55．新疆发展海鲜陆养的主要社会意义是 （ ）

A. 取代海水养殖

B. 保障食品安全

C. 促进经济发展

D. 保护海洋资源

毛里求斯海底奇观：自然的视觉错觉

在毛里求斯岛屿西南端的勒姆恩海岸，大自然创造了一个令人叹为观止的奇观——海底瀑布。它并非真正的瀑布，而是由海底地形和海流组合形成的类似瀑布的视觉效果。研究表明，这种现象每秒倾泻的海水量可达 50 亿吨，仿佛整个岛屿正在被一个巨人的下水口吸走，视觉效果极为震撼。

海底瀑布的形成机制

毛里求斯海底瀑布的形成需要以下关键条件。

海床的落差：毛里求斯岛是海底火山喷发形成的海岛，由于熔岩分布不均，且冷却后部分区域又发生了坍塌，因此海床高度不同，形成了显著的落差。

洋流作用：毛里求斯附近海域存在强盛的洋流，特别是厄加勒斯暖流，它推动海水运动，形成激流和旋涡，将海底泥沙翻卷起来，顺着海床边缘流入海沟，形成视觉上的瀑布效果。

清澈的海水和阳光的照射：清澈见底的海水和阳光的照射是形成这一奇观的关键因素。由于这里的海水太清澈，在光线的折射和反射作用下，人眼很容易忽视海水，将在阳光照射下显现出渐变色彩的白色泥沙看作水流，产生立体视觉效果。水幕表面的"白浪"，是光线照射在白色飞沙上又投射到水面上的幻影；光线被海沟深水全部吸收的区域看起来一片阴暗，就像海面上的巨大缺口。

海底瀑布的价值

从高空俯瞰，水流顺着大陆边缘落入深渊，形成类似瀑布的景象。这种现象实际上是海底地形的高低差异和洋流的动态作用共同作用的结果，向人类展示了自然界的神奇和复杂。

毛里求斯作为世界知名旅游胜地，拥有丰富的自然和人文景观，也具备完善的旅游设施。旅游业是当地重要的支柱产业之一，每年为国家带来大量外汇收入。毛里求斯海底瀑布不仅是自然界的一处奇观，还具有独特的科学研究价值，吸引了众多研究者的关注。它的存在为毛里求斯的旅游业增添了独特的吸引力，也丰富了人们对自然现象的认识。

> 毛里求斯海底瀑布是一种自然现象，其视觉效果主要依赖于海底地形、洋流、海水的清澈度和阳光的照射。

考点

56．海底瀑布的水幕表面的"白浪"最可能由以下哪种构成 （ ）

A．海底岩浆

B．浮游生物

C．海洋垃圾

D．海底泥沙

塔克纳渔场：沙漠旁的海洋生物宝库

在南美洲，有一座城市坐落在安第斯山脉的山麓，与智利接壤，它就是秘鲁的塔克纳。尽管处在沙漠气候区，年降水量几乎可以忽略不计，但塔克纳以其独特的方式孕育了繁荣的渔业，成为沙漠中的渔业奇迹。

海雾与渔网：夜间取水的奥秘

塔克纳的夜晚海雾弥漫，湿润的空气与干燥的沙漠形成了鲜明对比。当地渔民利用这一自然现象，在海滩上竖立起层层采集网，用来捕捉海雾中的水分。海雾在采集网上凝结成水

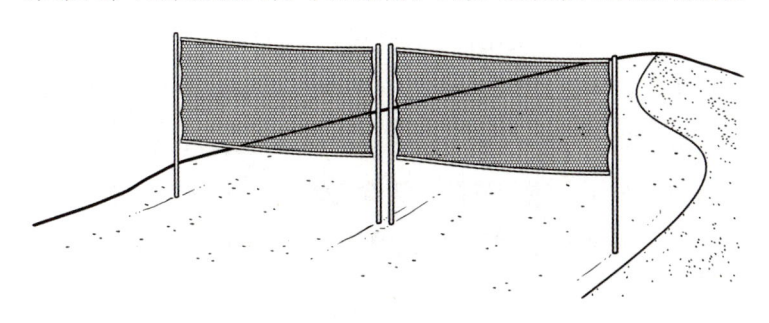

滴,再通过管道汇聚成水流,流入储水设备,为这个干旱的地区提供了宝贵的水源。这一独特的取水方式,体现了人类对自然资源的巧妙利用,也展现了人与自然和谐共生的智慧。

海洋生物多样性

得益于沿岸普遍的上升流,秘鲁沿海地区成为海洋生产力极高的海区。特别是秘鲁渔场,凭借上升流带来的丰富营养物质,成为世界四大渔场之一。海水上泛携带的硝酸盐、磷酸盐等营养素,为浮游生物的繁殖提供了理想条件,进而为鱼类等海洋生物提供了充足的食物来源。秘鲁渔场盛产冷水性鱼类,如鳀鱼、鲣鱼、鳕鱼等,年捕鱼量超过1000万吨,其中鳀鱼占绝大多数。

气候与渔业的密切联系

塔克纳地区的渔业生产与气候变化密切相关。厄尔尼诺现象和拉尼娜现象对秘鲁寒流的影响,会间接影响到渔业资源的分布和丰度。这些气候现象导致的海洋温度和洋流模式的变化,对渔业管理和政策制定提出了新的挑战。

塔克纳,这座沙漠之城,用它的渔业奇迹向我们展示了自然与人类智慧的完美结合。在这里,我们看见了在极端环境中寻找生存和发展的可能性,在保护生态系统的同时合理利用自然资源。塔克纳的渔业为当地居民提供了生计,也为全球渔业市场贡献了宝贵的资源。随着气候变化加剧,如何保护和发展这一渔业奇迹,将是塔克纳乃至全球共同面临的课题。

秘鲁寒流：生态与气候的塑造者

秘鲁寒流，亦称洪堡海流，是西风漂流在南美洲西岸转向形成的一支显著寒流。它沿南美洲西海岸北上，至南纬8°附近转向西行，最终融入南赤道暖流。秘鲁寒流是世界上最大的补偿流之一，低盐度特性显著。

秘鲁寒流对沿岸地区的气候和生态系统产生了深远的影响。秘鲁寒流与厄尔尼诺现象和拉尼娜现象紧密相关，对全球气候模式起着不可忽视的作用。

秘鲁寒流是智利北部、秘鲁沿海地区和厄瓜多尔南部气候干旱的重要原因。向岸风受寒流冷却，影响了降水的形成，导致降水减少。此外，该寒流还显著降低了东南太平洋的海水温度，为加拉帕戈斯群岛等地区创造了适宜企鹅生存的环境。

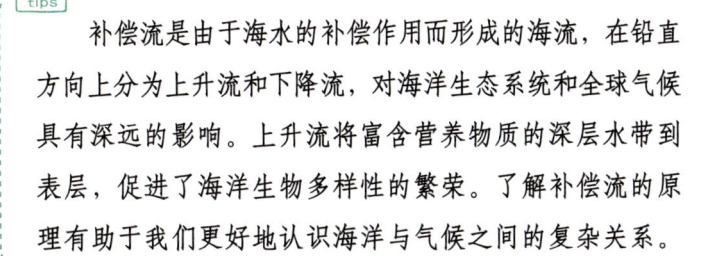

> tips　补偿流是由于海水的补偿作用而形成的海流，在铅直方向上分为上升流和下降流，对海洋生态系统和全球气候具有深远的影响。上升流将富含营养物质的深层水带到表层，促进了海洋生物多样性的繁荣。了解补偿流的原理有助于我们更好地认识海洋与气候之间的复杂关系。

考点

57. 秘鲁最南端城市塔克纳的当地居民在海滩竖立了很多网，这些网的作用是　　　　　　　　　　（　）

　　A. 阻挡风沙

　　B. 晾晒渔网

　　C. 捕捉雾水

　　D. 减少侵蚀

"阴阳天"：自然界的神秘现象

在丰富多样的自然现象中，有些现象因为人们难以解释，而被披上了一层神秘的面纱。"阴阳天"便是这样一种现象，它是指阳光与乌云在天空中共存所创造出的一种明暗交错的景象。虽然在民间传说中，这种现象常被赋予天气剧变或不祥征兆的特殊含义，但从科学视角分析，"阴阳天"实质上是一种常见的气象现象。

在飞机飞行过程中，我们常能目睹呈直线排列的云彩，而在地面上则很难见到这种场景。这是由于高空中有不同方向、不同水汽含量的气流，即风切变。当这种云层出现在低空时，便构成了我们所称的"阴阳天"。云层的快速移动与地球的自转效应有关，这使得云彩的直线移动在地面观察中显得尤为显著。

风切变

风切变是指短距离内风向、风速的突然变化。这种变化可能发生在水平方向上，也可能发生在垂直方向上，或者是两者的组合。风切变是大气中的一种重要现象，对航空安全、天气预报和气候研究等有重要影响。

春季和夏季，由于温度较高，风切变指数通常较小，也就是风速及风向随高度变化的程度较小。而秋季和冬季，尤其是夜间，地面温度低，冷空气密度较大并沉降到地面附近，因此风切变指数较大，风速及风向随高度变化的程度较大，这可能会影响云层的形成和发展。

特别是在青藏高原地区，云量变化是该地区气候迅速变暖的原因之一。研究表明，在青藏高原上，云层重叠参数 α 对大气分层和风切变敏感，即不稳定的大气分层和相应的薄弱风切变会导致最大的重叠（更大的 α 值），这会影响云层的垂直重叠特征。

此外，有学者对垂直风切变对天山夏季地形云的影响进行了研究。观测和数值模拟结果表明，垂直风切变对云的垂直发展有抑制作用，是形成多层云的原因。这表明在夏季，尤其是在山区，风切变对地形云的形成有显著影响。

特殊形态的"阴阳天"：方形云

方形云是"阴阳天"的一种特殊表现形式，通常出现在南方地区阴雨天气期间，此时北方冷空气南下，干冷空气与暖湿气流相遇。在冷暖气团的对峙中，有一定可能形成方形云。蓝天象征着干冷的冷气团，而密集的乌云则代表着尚未退却的暖气团。当冷气团推进并迫使暖气团抬升至一定高度、

满足云的形成条件时,空气中的水汽便会凝结成云。锋面天气系统常常带来此类"阴阳天"现象,两个方向同时有冷气团过境,冷暖气团相互挤压,因而形成了边界整齐的方形云。随着时间推移,云层可能会因风力和大气中水汽含量的变化而进一步发展或消散。

冷锋过境前,当地受暖气团控制,气温较高,气压较低。冷锋过境时,通常伴随着大风、阴天以及暴雨或暴雪,气温显著降低。而冷锋过境后,冷气团取代了原先暖气团的位置,导致当地气温下降，气压上升，天气转晴。

"阴阳天"的形成依赖于特定的大气条件。第一，必须存在云层，且云层不能过于厚重或均匀，以便阳光能穿透云层。第二，风力的作用必不可少，它可以使云层形成间隙。此外，地形也是影响"阴阳天"形成的重要因素，在山区，地形的阻挡作用使得云层更易形成不均匀分布，更可能产生"阴阳天"现象。

> 云是水汽遇冷凝结形成的，冷空气一般较干燥，不易形成云；暖空气水汽含量较多，易形成云，故暖空气位于阴天一侧，冷空气位于阳天一侧。

考点

58．"阴阳天"现象出现时，下列说法正确的是（　　）

①暖空气位于阴天一侧

②暖空气位于阳天一侧

③冷空气位于阴天一侧

④冷空气位于阳天一侧

A．①④

B．①③

C．②③

D．②④

日晕：天空中的神秘光环

在晴朗的白天，我们偶尔会看到天空中出现一道环绕着太阳的美丽光环，这种现象被称为日晕。日晕是大气中冰晶与光线相互作用而形成的奇妙景象。接下来，我将带你探索日晕的奥秘，了解它的成因、种类以及观测技巧。

日晕的成因

日晕的形成与大气中的冰晶密切相关。在寒冷的高空，水蒸气会凝结成冰晶，这些冰晶可以是六角形柱状或平板状的。当太阳光穿过这些冰晶时，光线会发生折射、反射或散射，形成我们在地面上看到的光环。由于需要有云层中的冰晶才能完成折射，所以当地一定满足水汽充沛，且在做上升运动的气象条件。我们知道，上升气流容易带来降水，所以日晕确实与下雨有一定的联系，可以把日晕理解为一种下雨前的征兆，这也解释了俗语"日晕三更雨"的存在。

冰晶的形状决定了光线折射的方式。例如，六角形柱状冰晶会使光线沿着垂直于冰晶长轴的方向折射，形成22°晕；而平板状冰晶则可能导致光线在冰晶表面发生反射，形成日柱或光晕。

日晕的出现需要特定的大气条件。第一，必须有足够的冰晶存在于高空；第二，观察者、太阳和冰晶层之间的角度关系要恰到好处。通常，太阳的高度角需要低于30°，此时光线与冰晶相互作用才能形成明显的光环。

日晕有多种类型，每种都有其独特的形态和成因。最常见的日晕类型是22°晕，光环位于太阳周围大约22°的位置，它由六角形柱状冰晶的折射作用形成。有时太阳周边还会出现更宽或更窄的光环，这取决于冰晶的大小和形状。某些情况下，日晕中还可能出现彩色的光带，这是由于光线在冰晶中的折射率不同。

如何观测日晕

观测日晕并不需要特殊的设备，但有一些技巧可以帮助你更好地欣赏这一自然奇观。通常在太阳较低时更容易观察到日晕，如日出后或日落前。直视太阳可能会损伤眼睛，因此在观测时，请使用适当的滤镜或采用间接观察方法。请选择一个开阔的地点，避免建筑物或树木遮挡视线。

日晕是一种神秘而美丽的自然现象，通过了解日晕的成因和观测技巧，我们可以了解这一自然奇观背后的科学原理，并在适当的条件下捕捉到它的美丽瞬间。下次当你看到天空中的光环时，你不妨停下脚步，享受这一刻的宁静与美丽。

> 冰晕是大气中大量水汽凝华后的冰晶对光线折射或反射所产生的光晕现象，是日晕、月晕和其他光源产生的晕象的总称。通常，冰晕的颜色由内向外依次为红、橙、黄、绿、蓝、靛、紫，这是不同波长的光在通过冰晶时折射角度不同所致。

考点

59．与日晕形成关系最为密切的条件是　　　　（　）

①水汽充足

②太阳高度角大

③大气做上升运动

④大气做下降运动

A．①④　　　　　　　B．①③

C．②③　　　　　　　D．②④

60．日晕多出现在　　　　　　　　　　　　（　）

A．冬春季节　　　　　B．春夏季节

C．夏秋季节　　　　　D．秋冬季节

沙漠洪水：极端气候现象的科学解释

沙漠洪水，听起来似乎是一个矛盾的概念，因为在人们通常的认知里，沙漠是干旱和缺水的代名词。然而，事实上，沙漠地区偶尔也会发生洪水，沙特阿拉伯的沙漠就发生过这样的情况。这主要是受当地独特的气候条件与地理环境影响而形成的。

沙漠洪水的成因

沙特阿拉伯半岛位于副热带高压带的控制之下，属于典型的热带沙漠气候。全年高温、干旱少雨是这里的气候特征。然而，沙特北部地区位于副热带高压的边缘，季节性的气压带和风带变化使得西风带能够在一定程度上影响该地区。西风带携带的湿润气流在与副热带高压边缘相遇时，能够切断高压带，形成局部低压。这种低压区与地面的暖湿气流相互作用，可以引发强烈的上升气流，并导致短时间内的强降水事件。

此外,沙漠地形通常比较平坦,排水能力较差。当降水量超过地面的渗透能力时,雨水就会在地表积聚。沙漠的地表通常由沙子和岩石组成,缺乏植被截留降水,且沙子和岩石很难透水,雨水很难渗入地下。简单来说,在强降水发生时,地下无法容纳雨水,雨水只会在地表形成径流,导致洪水发生。

沙漠洪水发生时,会出现像泡沫一样的东西。其实平时下雨的时候地表也会冒泡,这主要是因为雨滴形成的水膜包裹住了空气,形成气泡。而沙漠中的"泡沫"的产生是因为沙石之间有空隙,水流流过时填补其中的空隙,把空隙中的气体挤出来,产生气泡,再加上沙石中的其他杂质或微生物溶于水,最终形成了白色的"泡沫"。

沙漠洪水的影响

生态环境:洪水可能会带来短期的生态变化,比如促进植物的生长,为沙漠中的动植物提供水源。

人类活动:沙漠洪水可能会对人类居住区和基础设施造成破坏,比如冲毁道路、淹没房屋等。

经济影响:洪水会对农业、旅游业等产生负面影响,尤其是沙漠边缘地区。

虽然沙漠洪水是一个相对罕见的现象,但它提醒我们,在看似最不可能的地方,自然灾害依然有可能发生。通过了解其成因和影响,我们可以更好地应对这类事件,尽量降低它们对人类社会和自然环境的影响。

> **tips**
> 　　渗水差指的是水在不同介质中渗透能力的差异，或指在特定条件下水的渗透速度的不同。地形的坡度、坡向及地表覆盖物等都会影响水的渗透效果。例如，陡峭的斜坡比平缓地区更容易排水；植被可以增加土壤的孔隙度，改善土壤结构，提高土壤的渗透性，植被覆盖地区通常比裸露地区有更高的渗水能力。

考点

61. 2024年8月,塔克拉玛干沙漠突发洪水,发生本次洪水的主要原因是 （　　）

①短时强降水

②季节性积雪融水

③高山冰雪融水

④地下水补给

A. ①②　　　　　B. ①③

C. ②③　　　　　D. ②④

青海艾肯泉：自然奇观的形成

青海艾肯泉，又被称为"恶魔之眼"。它以独特的地貌和神秘色彩吸引了众多游客和地质学家的关注。艾肯泉位于柴达木盆地的一处洪积扇边缘，泉底常年冒出热水，泉眼周边有硫黄矿物质长期沉淀，形成了大面积的泉华景观。这里的自然环境非常恶劣，但正是这种极端条件孕育了艾肯泉的奇观。为什么这个涌泉这么独特？水是从哪里来的？为什么会上涌？下文将探讨艾肯泉的形成过程，以及它对地质学研究的意义。

水是从哪里来的？

我们先来观察一下艾肯泉所在的地理位置。艾肯泉位于青海省海西蒙古族藏族自治州茫崖市，北边是阿尔金山，南边是昆仑山，两座高山的冰川和积雪融水带来了丰富的水源。

```
┌─────────────────────── 洪积扇 ───────────────────────┐
                    ☁☁        ☁
                   降水
                         蒸发        ▽ 艾肯泉
```

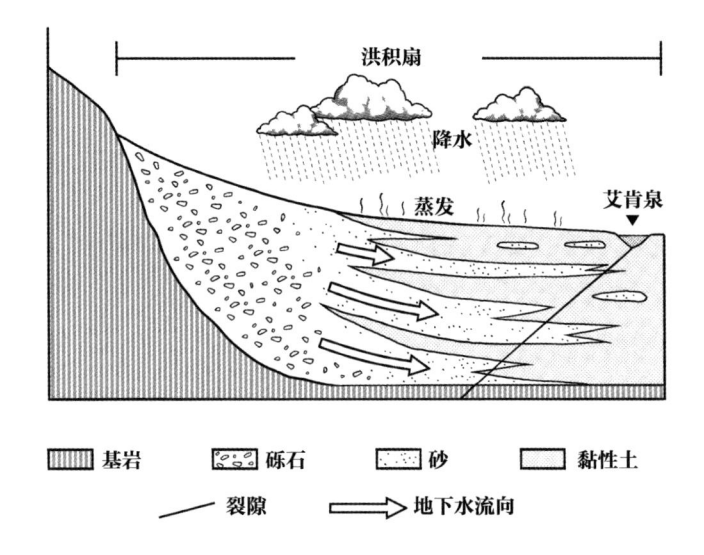

| ▦ 基岩 | ░ 砾石 | ⋯ 砂 | ▭ 黏性土 |

→ 裂隙　　⇒ 地下水流向

从地形上来看，艾肯泉位于柴达木盆地西缘的一处洼地，地势低则有利于流水汇集，为泉水提供了稳定的供水环境。随着矿物质的沉积，泉眼周围的地面逐渐升高，形成了一个类似火山口的地貌。

水为什么会上涌？这里位于青藏高原北缘，有大型断裂带，断层和缝隙等为水流的上升提供了通道。此处位于板块边界，地热资源丰富，因此地下水被加热后，上升涌出地表。

随着地下热水涌到地表，温度降低，溶解在水里的矿物质开始沉淀。这些矿物质在泉眼周围逐渐沉积，形成了彩色的环状结构。泉水中硫和铁的含量极高，不仅不适宜动物饮用，还会腐蚀周围的土壤和植物。铁离子和硫离子使得泉水周围土地呈现出黄色和锈红色，与绿色的上涌泉水联系起来，就像恶魔的眼睛一般，因此得名"恶魔之眼"。

艾肯泉的地质意义

艾肯泉不仅是一处自然奇观,也是地质学研究的重要对象。通过对艾肯泉的研究,研究者可以了解地热活动、地下水循环、矿物质沉积等地质过程。

地热资源:艾肯泉的地热现象表明,青藏高原地区拥有丰富的地热资源,这些资源可以用于发电、供暖等,具有很高的经济价值。

地质结构:艾肯泉的形成过程揭示了地球内部的奥秘,可以帮助研究者进一步了解青藏高原的地质结构和地质演化过程。

环境变化:艾肯泉的沉积物记录了过去的环境变化。通过分析沉积物中的矿物质和有机物质,研究者可以了解过去的气候变化、水文条件等信息。

艾肯泉奇特绝美的景色,每年吸引着成千上万的游客前往。不过,想要欣赏完整的"恶魔之眼",一般需要站在观景台或借助无人机观看,以高空俯视的角度感受它带给我们的震撼。通过对艾肯泉的研究,我们不仅可以欣赏到大自然的鬼斧神工,还可以深入了解地球的地质历史和环境变化。

> tips 艾肯泉的形成与地热活动密切相关。青藏高原是一个地热活动非常活跃的地区,地下岩浆活动频繁。

考点

62. 艾肯泉的补给水主要来源于 （　）
A. 大气降水
B. 冰川融水
C. 地下水
D. 季节性积雪融水

玉龙雪山的"牛奶河"

在中国云南省丽江市的玉龙雪山脚下,隐藏着一处自然奇观——"牛奶河"。这条河流以其独特的乳白色河水而闻名,仿佛是大自然赋予这片土地的一份珍贵礼物。这里海拔约3300米,是一个典型的阿尔卑斯式U形山谷。干河坝因雪山融雪长期冲刷而形成,谷长约3000米,宽约400米,两侧是悬崖峭壁,构成了一幅壮丽的自然画卷。

"牛奶河"的成因

玉龙雪山裸露地层的主要岩石是石灰岩。这种岩石在风化作用下会产生大量的白色粉末。当这些粉末与雪山融水混合时,就会形成乳白色的液体。

在夏季丰水期,随着气温升高,雪山、冰川融化,融水溶蚀了山上的石灰岩岩体,携带着碳酸钙流出山体,最终汇入河道。汇入河道后,河水中的易溶物质的溶解度改变,白色的碳酸类物质析出。

再加上该地植被覆盖度好，没有水土流失现象，且水流补给来自冰川融水，水质清澈纯净，因此在碳酸钙析出后，河水能呈现纯净的乳白色。

雨季时"牛奶河"的乳白色尤为明显，此时山脚下的泉眼出水增多，河水携带了更多的石灰岩碎屑，使得河水颜色更加浓厚。

"牛奶河"对当地生态系统的影响

"牛奶河"为周边的生态系统提供了必要的水源，为丰富的生物多样性提供了支持，包括各种水生生物、鸟类和哺乳动物等。河流的存在有助于减少水土流失，保持土壤的肥沃和稳定，对当地的农业生产和植被生长具有积极作用。"牛奶河"的独特景观吸引了众多游客和摄影爱好者，对当地的旅游业发展起到了推动作用。

不过，为了维护生态平衡，同时保证游客的安全，"牛奶河"附近区域已经不对外开放了。虽然有些可惜，但由于当地生态环境脆弱，这也是无奈之举。

因碳酸钙而形成的"牛奶河"只有玉龙雪山这一条，更多"牛奶河"的出现是由于工业污染。比如，某矿业公司将尾矿水直接排入河流，使得金沙江小江水泛起白灰，形成了"牛奶河"。又如，某企业因为操作事故发生爆炸，大量乳胶泄漏进入瞿溪河，使得河流变为"牛奶河"，这些案例是水体污染的冰山一角。

> 碳酸钙（$CaCO_3$）是石灰岩的主要成分。在遇到含有二氧化碳的水时，碳酸钙会转化为碳酸氢钙[$Ca(HCO_3)_2$]，这种物质在遇热或压力变化时会重新生成碳酸钙，使得河水呈现乳白色。

考点

63. 玉龙雪山"牛奶河"的成因是 （ ）

A. 环境污染

B. 水土流失

C. 流水溶蚀

D. 人为倾倒牛奶

东台吉乃尔湖：从消失到重现

东台吉乃尔湖位于青海省的柴达木盆地，又被称为"天空之镜"（茶卡盐湖也有"天空之镜"的美誉），湖面在阳光的映照下一片碧蓝，质感如果冻一般。湖面海拔约2681米，长24千米，宽约8.7千米，总面积达121.3平方千米。湖泊的水源主要依赖于昆仑山脉的冰雪融水，这些融水汇入东台吉乃尔河，经过长距离的流动，携带着丰富的矿物质，最终汇聚于此。

从未想过，消失3年的东台吉乃尔湖会在2024年重现。为什么当年接近干涸的它能够再次出现呢？而且还是这种这么好看的"蒂芙尼蓝"？这肯定与当地的地理环境有关。

"天空之镜"的形成原理

这一独特的自然景观主要是由以下几个因素共同作用形成的。

湖水的高盐分和矿物质含量：东台吉乃尔湖是一个硫酸镁

亚型盐湖，湖水中含有较高浓度的盐分和其他矿物质。这些矿物质在特定条件下（如湖水蒸发后），会在湖床上形成一层薄薄的结晶，这些结晶可以反射光线，增加了湖水的反射能力。

湖面的平坦和平静：东台吉乃尔湖的湖面相对平坦，风平浪静时，湖面就像一面镜子，能够反射天空的景象。这种平静的湖面条件是形成"天空之镜"效果的关键。

特定的气候条件：东台吉乃尔湖所在的区域属于荒漠气候，年均气温较低，降水量少。这种气候条件有助于维持湖水的高盐度和矿物质含量，同时也减少了降雨对平静湖面的干扰。

昆仑山的冰雪融水补给：东台吉乃尔湖的水源主要依赖昆仑山脉的冰雪融水。冰雪融水带来了丰富的矿物质，有助于形成高盐度湖水，呈现独特的蓝色。

湖底的沉积物：湖底的沉积物也会影响湖水的反射效果。东台吉乃尔湖的湖底沉积盐深厚，这些沉积物在一定程度上也会影响湖水的反射特性。

人类活动的影响：虽然东台吉乃尔湖主要是自然形成的，但人类活动，如矿区开采，也会对湖水的盐度和矿物质含量产生一定的影响。

综合上述因素，东台吉乃尔湖在特定条件下展现出了令人惊叹的"天空之镜"景观，是摄影爱好者和户外爱好者的天堂。

东台吉乃尔湖消失的原因

湖水会消失，说明这里会出现蒸发量大于降水量的情况。

东台吉乃尔湖处于温带大陆性气候区，全年降水量本来就很少，加之强烈的太阳辐射，水量自然会蒸发减少。此外，来自地表的河流补给也很少。东台吉乃尔湖的入湖补给为季节性河流，在枯水区会出现断流，甚至会改道，没有了入湖补给，湖泊自然就干涸了。以上是人们对湖泊消失的自然原因的猜想，此外，也有湖泊是受人类活动影响而消失的说法。

东台吉乃尔湖的湖面下其实是一个以卤水为主的特大型锂矿床，由上而下分别为湖水、晶间潜卤水及承压卤水三个矿层。固体盐类矿床以石盐为主，储量巨大。湖中仅碳酸锂、硼酸、硫酸钾资源的潜在经济价值就可达到947亿元，可被广泛应用于锂电池、医疗器械及近地轨道地球卫星等新型电子设备中。

矿区为了稀释盐矿，将水引到湖中，后来矿区为了泄洪又将水排出。加上缺乏降水和地表水补给，湖泊自然而然干涸，消失了3年。而这次湖泊重现可能是因为矿区又开闸放水了。放水行为可能是为了矿区的安全生产需要，也可能是为了进行相关的工业性钻井采卤工艺试验研究，以提供原料卤水，保障企业正常生产。水之所以会呈现"蒂芙尼蓝"，是因为水中的铜元素含量很高。

我国的大西北还有很多类似的各种颜色的湖泊，比如大柴旦翡翠湖、察尔汗盐湖、艾肯泉等，它们当中有的因为含有大量氯离子和硫离子而颜色偏黄，有的因为水中含有大量藻类和微生物而呈现绿色、红色。湖中的物质不同，导致水的颜色各不相同，湖的颜色会随着水中物质含量的变化而不断变化。

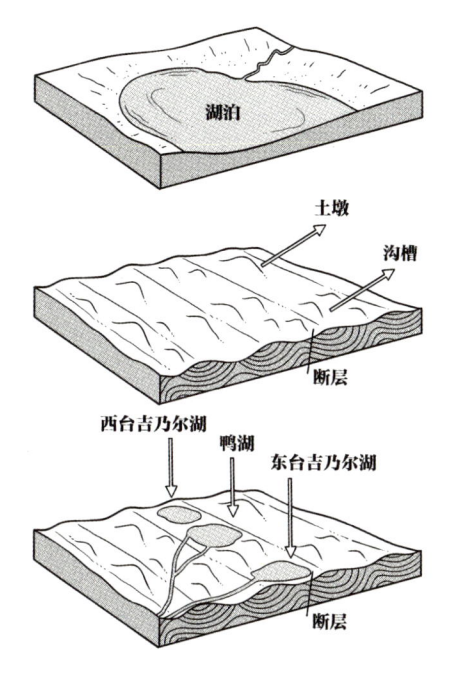

东台吉乃尔湖形成过程

台吉乃尔湖区曾为湖泊环境，大量泥沙沉积形成深厚的古湖沉积地层，青藏高原隆升后，这里受挤压变形产生褶皱。随着湖盆不断收缩，湖泊趋于干涸，古湖中沉积地层暴露于地表。在风力和流水的侵蚀下，古湖沉积地层不断被剥蚀，形成垄槽相间的雅丹地貌。

考点

64. 东台吉乃尔湖重现的原因可能是　　　　　　　　（　）

A. 降水量大于蒸发量

B. 矿区开闸放水

C. 全球气候变暖

D. 地壳活动频繁

"提拉米苏雪"：大自然的甜蜜馈赠

在山东省烟台市，每年冬季，大自然都会上演一场奇妙的自然现象——"提拉米苏雪"。这种独特的降雪现象，因其色泽和形态酷似意大利甜点"提拉米苏"而得名，为烟台的冬天增添了一份别样的浪漫与甜蜜。为什么沙子的下面会是雪？"提拉米苏雪"又是怎样形成的？

"提拉米苏雪"的形成原因

烟台地处温带季风气候区，冬季容易受寒潮影响，位于迎风坡，又面朝大海。每当冬季冷空气南下经过渤海时，气流便会带来大量水汽，导致降雪量大。2023年，冬季风异常强劲，强冷空气的到来是冷流暴雪的重要动力因素；在冬季风经过渤海温暖的海面时，水面上的暖湿空气向上蒸发，为冬季风带来充足的水汽；山东半岛南部丘陵、山地地形的抬升，促进了水汽的凝结和降雪的形成，在迎风坡形成大量降雪；两次降雪间隔时间短，持续时间长，降雪量大，积雪深度大。这种雪的特点是雪花较大，质地松软，落在地面上不易压实，保持了较高的蓬松度。当阳光照射在这些雪上时，由于雪的反射作用，雪面呈现出淡淡的黄色或米色，与提拉米苏的色泽相似。雪有了，那沙子是从哪儿来的呢？其实很简单，要么是风吹来的，要么是水推来的。

山东烟台海滩上的沙子和沙漠中的沙子完全不同。海滩上的沙子由于比较潮湿，会比沙漠中的沙子重很多，别说普通的风了，台风来了都难吹起来。看来覆盖在雪上的沙子只能是海水推上来的了。海水具体是怎么推的呢？如果在海水退潮时产生降雪，且降雪量很大，那么积雪就会覆盖在沙滩上。等涨潮时，海水裹挟着大量沙子上岸，沙子便会覆盖在积雪上，形成"沙—雪—沙"的格局，也就是"提拉米苏雪"。因为降雪量大，气温又很低，海水只会让顶部的一小部分积雪融化，大部分的雪仍被沙子覆盖，所以才会出现"提拉米苏雪"现象。此外，烟台的空气质量较好，降雪时空气中的颗粒物较少，这有助于雪花保持其原有的色泽和形态，使得"提拉米苏雪"更加逼真。这种雪通常在冬季的晴朗天气下出现，由于其松软的特性，它不会在地面上停留太久，很快就会融化。

> 山东半岛三面环海，这一独特的地理环境为冷流暴雪的形成提供了基础，使得海气温差得以形成。冬季，海洋的比热容较陆地大，气温较高，渤海海域水温高于气温，为水汽的产生和输送提供了条件。

考点

65. 山东省烟台市"提拉米苏雪"中沙子的来源是（　　）

　　A. 海水涨潮裹挟而来

　　B. 偏北风从陆地吹来

　　C. 台风裹挟而来

　　D. 海水落潮裹挟而来

威海"泡沫海":自然现象科学探究

威海,这座位于山东半岛东部的城市,以其美丽的海岸线和清新的海风著称。然而在冬季,这里的海岸线会呈现一种不同寻常的景象——海水被一层厚厚的泡沫所覆盖,远远望去,这里就像是一片白色的泡沫海洋。这些泡沫随着海浪的涌动,形成连绵不绝的泡沫带,蔚为壮观。

"泡沫海"的来源及形成过程

"泡沫海"的形成与多种因素有关,主要的因素是海水中的有机物质、海水的物理运动,以及海水的温度、盐度。

丰富的有机物质:威海周边海域富含有机物质,这些物质主要源于海洋生物的代谢产物和陆地输入的有机物。这些有机物质与海水中的盐分和其他矿物质结合后,会形成一种黏稠的胶体物质。前文中提到,沙漠洪水也会产生泡沫,我们不妨类比一下。沙漠洪水产生泡沫是因为沙石有孔隙,水中含有杂质和微生物，同样地，海洋里也有丰富的杂质。威海沿岸处于寒、暖流交汇地带，洋流交汇搅动海水，海底的营养物质上泛，这利于浮游生物大量繁殖。世界上很多著名的渔场都是因此而形成的，如纽芬兰渔场、北海渔场等。藻类和浮游生物死亡后，油脂和蛋白质等有机物会形成一种表面活性剂，类似我们洗衣服时用的肥皂，它能让泡沫变多且不容易破裂。

海水的物理运动：冬季，威海地区的海浪较大，海水的搅动使得胶体物质与空气充分混合，能够形成大量的泡沫。海水搅动的幅度大、浪高且急，使得泡沫更加细碎，显得更白。

温度和盐度的变化：冬季海水温度的降低和盐度的增加也会影响海水的表面张力，使得泡沫更容易形成和保持稳定。气温低，空气扰动少，泡沫不易破裂，甚至某些在低温条件下形成的海洋泡沫可以绵延数十千米。

当海浪拍打在岩石或沙滩上时，海水中的有机物质和空气被强力混合，形成了初始泡沫。这些泡沫在海水的表面张力作用下，相互聚集并形成更大的泡沫团。随着海浪的持续作用，这些泡沫团被推向岸边，形成了壮观的"泡沫海"。

通常，这些泡沫是因海洋生物代谢而产生的自然现象，对环境无害，多呈现乳白色。但如果频繁出现海洋泡沫，甚至出现泡沫泛黄的情况，那就意味着泡沫与海洋污染有关，如大量排放未经处理的含肥料、洗涤剂等化学物质的污水，使得海水富营养化。浮游生物的大量生长，也加剧了"泡沫海"的形成，导致水中含氧量过低，大量海洋生物死亡，从而破坏海洋整体的生态环境。

"泡沫海"的科学意义

"泡沫海"不仅是自然景色的展现，还具有重要的科学意义。

"泡沫海"是海洋生态系统的指示器。"泡沫海"的形成与海洋中的有机物质密切相关，这些物质是海洋生态系统的重要组成部分。通过观察"泡沫海"的状态，研究者可以对海洋生态系统的健康状况进行评估。

"泡沫海"可以帮助监测海洋污染。"泡沫海"的形成也可能与人类排放的污染物有关。通过分析泡沫的成分，研究者可以监测海洋污染的程度和来源。

"泡沫海"有助于海洋能源研究。海洋中的有机物质是潜在的能源来源。通过研究"泡沫海"的形成机制，研究者可以探索利用这些有机物质进行能源开发的可能性。

> 秘鲁渔场的形成原因主要是上升补偿流带来的营养物质和适宜的海洋环境，为海洋生物的繁衍提供了理想的条件。

考点

66. "泡沫海"形成的主要季节是　　　　　　　　　（　）

A. 春季

B. 夏季

C. 秋季

D. 冬季

索科特拉岛：地球上的"外星世界"

索科特拉岛，一个位于阿拉伯海与亚丁湾交界处的神秘岛屿，因其独特的地理位置和丰富的生物多样性，被誉为"地球上最像外星的地方"。

索科特拉岛的龙血树

龙血树是索科特拉岛上的独特树种，以伞状树冠和深红色的树液而闻名。

这种树的外观非常独特，甚至看起来不像地球上的物种，以至于它经常被用在科幻电影中。它的枝干伸向天空，从下往上看，像有很多盘旋飞行的飞碟，从上往下看，则像一个大大的蘑菇。

龙血树是常绿树，岛上十分干旱，炎热少雨，为了适应岛上的恶劣气候条件，它演化出了独特的外观。它的树干非常粗大，枝条呈螺旋状向上，顶部叶子很尖，表面呈蜡质，形成很大的反差。树木粗大且根系发达是为了储存和吸收水分，而叶子表面呈蜡质是为了减少水分蒸发。龙血树的树冠巨大，可以营造大面积的树荫，减少水分蒸发，截留降水，有助于在岛上干旱的环境中保持水分，还可以为附近的幼苗遮阴。

龙血树是索科特拉岛上 307 种特有植物物种之一，这些特有物种的存在为这座岛屿增添了神秘性和独特性。然而，研究者也指出，由于气候变化和外来物种的威胁，包括龙血树在内的索科特拉岛上的特有物种面临着一定的风险。

索科特拉岛的地理位置

索科特拉岛位于阿拉伯海和亚丁湾的交界处，阿拉伯半岛的东南方，位于北纬 15° 附近，纬度低，气温高，蒸发旺盛。受副热带高气压带和东北信风带的交替控制，索科特拉岛为热带沙漠气候，降水稀少，加之岛屿夏季受到索马里寒流的影响，气候更加干旱。这种独特的气候条件促使岛上生长着奇特的植物。

索科特拉岛在 600 万至 700 万年前与非洲大陆相隔离，形成了独特的生态系统。长期的地理隔离导致岛内物种的进化比大陆慢很多，甚至很多物种还保留着几百万年前的形态，因此岛上风景与其他大陆完全不同。许多物种具有约 2000 万年的历史，例如龙血树、沙漠玫瑰、锐叶木兰。

> 索马里洋流属于印度洋季风环流的组成部分,位于索马里东部的印度洋海域。索马里洋流在夏季是寒流,冬季是暖流,洋流性质具有季节性特征。

考点

67. 龙血树外观独特的原因是　　　　　　　　　　（　　）

①气候干旱　　　　②大陆隔离

③人为修剪　　　　④地处热带

A. ①②

B. ①④

C. ②③

D. ②④

伯利兹大蓝洞：深海的神秘之眼

在伯利兹海的浅蓝色水域中，有一个深邃、幽蓝的圆形深坑，它就是世界著名的自然奇观——伯利兹大蓝洞。伯利兹大蓝洞位于伯利兹城外约 100 千米处的灯塔礁中，是伯利兹堡礁系统的一部分。伯利兹堡礁是世界第二大珊瑚礁系统，延伸约 300 千米，由近海岛屿、珊瑚礁和众多小礁石组成，是潜水爱好者的圣地。

地质变迁：冰河时期的印记

大蓝洞形成于冰河时期。在那个时期，海平面远低于今日，伯利兹地区是广袤的石灰岩平原。岁月流转，这些石灰岩上形成了众多垂直裂隙和洞穴。随着冰期的终结，全球气候转暖，冰川消融导致海平面上升，原本的石灰岩洞穴被海水淹没，形成了浅海环境。在海水的侵蚀和压力作用下，石灰岩洞穴顶部逐渐坍塌，最终形成了大蓝洞这一壮观的垂直

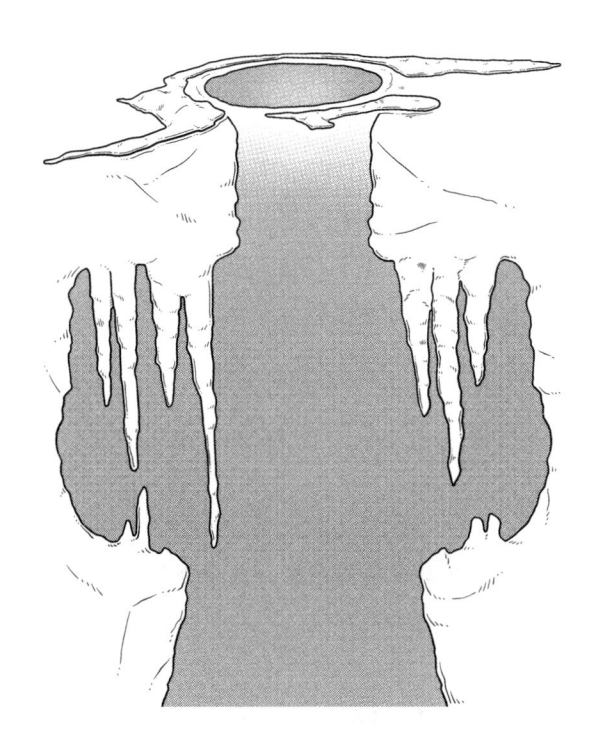

洞穴入口。

最初，人们对大蓝洞的突然出现感到困惑，但随着研究者的深入探索，谜团被逐渐揭开。在蓝洞内部，潜水者们发现了丰富的碳酸钙——石灰岩的主要成分。我们知道，石灰岩在流水的长期溶蚀作用下，会形成喀斯特地貌中常见的石笋、石柱和石钟乳等奇特景观。仔细观察大蓝洞，我们不难发现其具有溶洞特征，洞体均由石灰岩构成。

岁月更迭，珊瑚在洞穴周围逐渐生长，最终塑造了大蓝洞周围绚丽的珊瑚礁，为这片深蓝海域增添了一抹生机。这些珊瑚礁为众多海洋生物提供了栖息地，成为大蓝洞独特生态系统的重要组成部分。

　　大蓝洞的形成过程为地质学家提供了研究冰河时期地质变迁的重要线索。同时，它的海洋生态系统也是海洋生物学家宝贵的研究对象。通过研究大蓝洞的形成过程，科学家可以更好地了解冰河时期的气候变化和海平面变化。为了保护大蓝洞的生态环境，伯利兹政府和相关组织采取了一系列保护措施，包括限制潜水人数、禁止捕捞等。

> 伯利兹蓝洞是石灰石坑洞，为喀斯特地貌。喀斯特地貌的岩石以石灰岩为主，可知蓝洞内石笋也属于沉积岩。

考点

68. 伯利兹蓝洞属于 （　　）

A. 流水地貌

B. 风沙地貌

C. 冰川地貌

D. 喀斯特地貌

69. 在伯利兹蓝洞形成时期,全球 （　　）

A. 生物多样性减少

B. 地壳运动更为活跃

C. 陆地面积从大变小

D. 气温由高到低

第二部分 人文地理篇

猫咪之城：伊斯坦布尔的猫文化

伊斯坦布尔被誉为"猫咪之城"，这座城市与猫有着深厚的历史渊源和文化联系。伊斯坦布尔与猫的关系可以追溯到 700 年前。14 世纪时，由于伊斯坦布尔的城市建筑多为木质结构，鼠患严重，居民开始饲养猫来捕鼠。随着时间推移，猫在城市中逐渐增多，它们中的大多数没有固定的主人，而是以一种散养的状态生活，成为城市生活的一部分。在伊斯坦布尔，猫可以自由地穿梭在城市的大街小巷，享受人们的关爱和照顾。例如，餐厅门口常常放置猫粮和清水，街边有为猫咪建造的小房子，生病的猫咪会得到路人的帮助。伊斯坦布尔的街头设有自动猫粮贩卖机，只需投入两个塑料瓶就能为流浪猫提供食物。市政府还设立了"兽医流动巴士"，在城市不同区域为流浪动物提供医疗救治服务。

2019 年，我在土耳其的时候看到，那里的猫咪可以出现在任何你意想不到的地方：中央商场的电梯间、地铁的闸机口，甚至书本的夹层中！人与猫咪可以亲切到什么程度呢？我亲眼所见，当地土耳其向导在吃午饭的时候不忘照顾遇到的猫咪："呀！小猫咪你要来一口吗？来来来，好吃吧。"

伊斯坦布尔的猫咪数量庞大，数据显示，约有12.5万只流浪猫生活在这座城市中。这些猫的存在，为城市增添了活力，也成了伊斯坦布尔文化的一部分。在这里，猫被视为城市的灵魂之一，没有它们，伊斯坦布尔就会失去一种独特的魅力。

伊斯坦布尔"猫生自由"的原因

从自然原因来看，伊斯坦布尔位于地中海气候区，夏季炎热干燥，冬季温和多雨。我们知道，大部分品种的猫咪是不耐寒的，适宜的生存温度为20℃~26℃，而地中海气候恰好可以保证伊斯坦布尔一年内大部分时间都处在这个温度区间。从历史文化角度来看，当地人认为猫是洁净的动物，是守护者，可以保护城市，所以当地人非常爱猫，对其他小动物也很友好。这里简直是爱猫人士的天堂，猫和人类基本可以达到共生状态，猫可以自由出入各种场所，整座城市就是它们的家。

伊斯坦布尔的猫文化也备受国际关注。纪录片《爱猫之城》(*Kedi*)就展现了这座城市的居民与猫之间的温暖关系，2016年，该片在土耳其上映，2018年在中国上映。影片通过七只猫的故事，向观众展示了猫咪与人类之间的亲密关系以及它们在城市中自由自在的生活。

总之，伊斯坦布尔是一座名副其实的"爱猫之城"，这里的猫咪是城市生活的一部分，也是伊斯坦布尔文化的一种表现。这座城市对猫咪的爱护和关怀，体现了人们对动物的尊重和对自然和谐共生的追求。

《葫芦娃》与地理学：动画片中的地理线索

动画片《葫芦娃》给我们的童年留下了很多美好回忆，但令人意外的是，它竟可以成为高中地理考试的题目。出题人以《葫芦娃》动画为题干，要求考生根据图中的建筑、地形、生物分析葫芦娃来自云南这个观点。本文将从科学角度，探讨怎样通过动画片中的建筑、地形、生物等特征，推断出葫芦娃的"故乡"。

建筑与气候的关系

动画片中老爷爷居住的茅草屋，具有"人"字形尖顶结构。这种设计符合当地的气候条件，体现了人类对自然环境的适应性。一个地区的房屋建筑风格，特别是传统民居建筑风格的形成，是当地居民在长期生活过程中逐渐适应气候、地形、地质等条件后的结果，也是人类适应自然地理环境的具体表现。我国南方大部分地区属于亚热带季风气候，年降水量在 800 毫米以上，雨季来临时，降水更是丰富。因此，当地民居的屋顶普遍设计成"人"字形斜坡，利于雨水快速排出。此外，我国南方大部分地区在夏季受到副热带高气压带的控制，容易形成高温少雨的伏旱天气，"人"字形屋顶增加了房间上部的空间，可以形成隔热层，使得屋内相对凉爽。

喀斯特地貌的地理特征

图片中有钟乳石和石林，钟乳石和石林是喀斯特地貌的典型代表，这种地貌在云贵高原尤为常见。中国的喀斯特地貌分布之广泛，类型之多，世所罕见，很多景点享誉国内外。云南石林以"雄、奇、险、秀、幽、奥、旷"著称，被称为"世界喀斯特的精华"。

云南的水系与气候多样性

在南北直线距离 900 千米左右的土地上，云南有着北热带、南亚热带、中亚热带、北亚热带、南温带、中温带和高原气候区 7 个气候带，气候的区域差异和垂直变化十分明显，呈现出"一山分四季，十里不同天"的立体气候类型。

翻开地图就会看到，长江、澜沧江、怒江、珠江、红河、伊洛瓦底江六大水系纵贯云南全省，高原湖泊星罗棋布。向东，云南地处长江、珠江等国内主要河流上游或者源头，云岭大地涵养水源、保持水土，有助于下游地区安全；向南，云南处于怒江—萨尔温江、澜沧江—湄公河、红河—元江、独龙江—伊洛瓦底江等重要国际河流的上游。

云南省纬度低，海拔差异明显。高海拔地区有香格里拉的雪山景观，低海拔地区有西双版纳的雨林景观，垂直地带性显著。气候类型的多样造就了生物种类的多样性。

生物多样性的生态指示

动画片中的蛇、穿山甲、蜘蛛、蝎子、天牛等生物，表明该地区具有高度的生物多样性。在我国，符合这一条件的最佳答案是云南省。云南位于中国西南边陲，与多国接壤，陆地边境线长达4060千米，是我国生物多样性最为丰富的省份，位于全球36个物种最丰富的生物多样性热点地区之一。云南省的地理位置和复杂的地形地貌为其生物多样性提供了丰富的生态位。科学研究表明，自距今大约250万年的第三纪以来，云南就成为"生物避难所"和"生物进化的中心"之一。

通过分析《葫芦娃》中的地理线索，我们可以合理推断葫芦娃的故事背景可能发生在中国云南省。这次考试题目创新地将地理学知识与经典作品相结合，提高了学生对地理学知识的学习兴趣，丰富认知。

第二部分　人文地理篇

《甄嬛传》被出成地理题,是一种什么体验?

想象一下,当热门电视剧《甄嬛传》的情节融入地理考试题中,那会是一番怎样的体验?南昌一模的地理题就提供了这样一个有趣的场景:祺嫔在紫禁城被废为庶人后遭到追杀。同学们需要选出与题干季节相同的选项。现在,我们来分析这一现象发生的地理位置和气候背景。

题干

《甄嬛传》中祺嫔被废为庶人后在紫禁城被追杀,场景中紫禁城正值雨季,祺嫔衣着较为单薄。通过以上描述可知(　　)

A. 鄱阳湖迎来枯水期

B. 青藏高原雪山的积雪线下降

C. 南方油菜花迎来开花期

D. 黄河侵蚀能力增强

题干分析

紫禁城，即故宫，位于北京市，属于温带季风气候区，其特点是夏季高温多雨。据电视情节来看，祺嫔被追杀时正下大雨，可能正值雨季，可能为夏季。如果你是《甄嬛传》的忠实粉丝，还可以通过剧情中的时间线索得知，祺嫔的悲剧发生在浣碧出嫁后不久，这也指向了夏季。

选项排除法

选项 A：鄱阳湖迎来枯水期。鄱阳湖位于江西省，属于亚热带季风气候，夏季降水充沛，冬季则降水较少。由于河流补给主要依赖大气降水和地下水，因此鄱阳湖的丰水期在夏季，枯水期在冬季，与题目中的夏季场景不符，排除 A 选项。

选项 B：青藏高原雪山的积雪线下降。夏季气温升高，低海拔地区的积雪融化，导致雪线上移；相反，冬季气温降低，积雪线会下降。因此，积雪线的下降是冬季的特征，与题目中的夏季场景不符，排除 B 选项。

选项 C：南方油菜花迎来开花期。尽管不同省份的开花时间可能因纬度而异，但油菜花普遍在春天盛开。这与题目中的夏季场景不符，排除 C 选项。

选项 D：黄河侵蚀能力增强。黄河流域的主要补给类型为大气降水，特别是在中下游地区。由于黄河流域大部分地区属于温带季风气候，夏季降水集中，黄河流量增大，因此增强了河流的侵蚀能力。这一点与题目中描述的祺嫔被追杀的时间背景相吻合。

结论

综上所述，选项 D 是正确答案，它正确反映了夏季黄河降水增多导致侵蚀作用增强的地理现象。这道题不仅让人复习了地理知识，还巧妙地将电视剧剧情与地理学知识相结合，展现了学科交叉的趣味性。

了不起的地理

探秘青青草原：一道地理题引发的思考

《喜羊羊与灰太狼》是家喻户晓的系列动画片，主角们生活在青青草原上。"青青草原在哪里？"这道颇具创意的地理题出自河南省某校的考卷，它既考验了学生的地理知识，又巧妙地结合了流行文化。面对这样的题目，我们的解题策略是：从题干中寻找线索，结合选项进行逻辑推理。

题干

动画片《喜洋洋与灰太狼》中小动物们生活在青青草原上，小草茵茵浓密，低矮的五颜六色的野花点缀在绿草中。据此完成下面小题：

1."青青草原"最可能位于（　　）

A. 非洲北部地区　　　　B. 新疆阿克苏地区

C. 内蒙古高原东部　　　D. 华北平原

2."青青草原"中（ ）

A. 遍布河流和湖泊　　B. 低矮的灌木丛点缀草原

C. 草丛四季常绿　　　D. 骆驼与长颈鹿为伴嬉戏

题干分析

题目描述了一个充满生机的场景：绿草如茵，野花点缀。

第一问解析

选项 A：非洲北部地区。非洲北部主要是地中海气候，以亚热带常绿硬叶林为主，与题干描述的草原景象不符。且根据动画片中的线索，小羊们说中文，这暗示了此处与非洲的地理环境不符，排除 A。

选项 B：新疆阿克苏地区。虽然新疆有美丽的草原，但阿克苏地区以荒漠地带为主，不符合题干中的草原特征，排除 B。

选项 C：内蒙古高原东部。这里的植被属于温带草原，与题干描述的草原景象相吻合。

选项 D：华北平原。该地区植被以温带落叶阔叶林为主，与草原的植被类型不符，排除 D。

结论

根据题干描述和选项分析，青青草原最可能位于内蒙古高原东部。这不仅是对地理知识的一次应用，也是对解题者逻辑思维的一次考验。

第二问解析

接下来,我们需要找出与内蒙古高原东部情况相符的选项。

选项 A:遍布河流和湖泊。虽然草原上可能有河流和湖泊,但在半干旱的内蒙古高原,"遍布"一词并不准确。

选项 B:低矮的灌木丛点缀草原。这一描述与内蒙古高原的环境相符,是正确选项。

选项 C:草丛四季常绿。温带草原受季节影响,不可能全年常绿。

选项 D:骆驼与长颈鹿为伴嬉戏。这两种动物不太可能同时出现在内蒙古高原上。

结论

选项 B 正确描述了内蒙古高原东部的自然环境特征。

这道题目让我们回顾了地理知识,也展示了跨学科学习的趣味。下次有人说看动画片没用时,不妨用这道题来证明:流行文化也能成为学习的好帮手。

第二部分 人文地理篇

微信启动画面：
一张地球照片的科学与文化意义

微信是全球使用最广泛的社交通信工具之一，其启动画面不仅是一张图片，更是一段科学史的见证和一种文化表达。

"蓝色弹珠"：阿波罗 17 号的杰作

微信启动画面的原始照片名为"蓝色弹珠"，拍摄于 1972 年 12 月 7 日。这张照片是由阿波罗 17 号飞船上的宇航员使用哈苏照相机，通过 80 毫米镜头在距离地球约 4.5 万千米的太空中拍摄的。这张照片的珍贵之处在于，阿波罗 17 号是截至目前，人类历史上最后一次执行载人登月任务的飞船，此后人类便鲜有机会从如此远的距离拍摄地球。我们日常所见的地球照片，大多数是通过合成技术制作的，而非直接拍摄。站在宇航员的角度，于 4.5 万千米之外眺望母星，地球就像是一颗小小的蓝色弹珠。

微信团队选择这张照片作为启动画面，有着深远的考量。

这张照片正对着非洲大陆，非洲被认为是人类文明的发源地之一，象征着人类文明的起源和多样性。此外，2017 年，为了庆祝中国航天事业的重大进步，微信启动画面曾短暂更换为风云四号卫星传回的气象云图，将视角从非洲转向亚洲，展示了中国在航天科技领域的成就。

启动画面的拍摄时间分析

微信启动画面的拍摄时间是一个有趣的话题，甚至曾在江苏省的一次地理考试中被提及。观察图片，我们可以发现其主要展示了非洲大陆的南部地区。结合赤道穿过非洲大陆中部，北回归线穿过阿拉伯半岛，南回归线穿过马达加斯加岛，标出要点后，你就会发现赤道以南地区云系非常多，这说明此区域降水较多。我们运用所学的知识点，可以判断出此时气压带、风带在南移，即北半球冬季，极有可能为 12 月；抑或我们可以换一个角度观察，通过图片可以看出南极大部分为白天，此时南极为极昼状态，便可以判断出此时极有可能为 12 月。

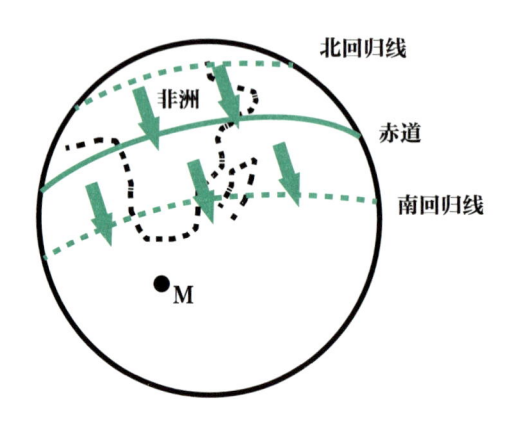

图中 M 点处于什么风带？

南半球有三个风带，从低纬至高纬依次是东南信风带、盛行西风带和极地东风带。已知南回归线纬度为 23°26′，我们可以大体估算出 M 点的纬度是南纬 40°～50°，加之受到气压带、风带南移的影响，只有盛行西风带符合条件。

微信启动画面不仅是一张美丽的地球照片，更是科学、历史和文化的交会点。通过深入分析这张照片，我们可以了解其背后的科学知识，感受它所承载的历史价值和文化意义。这种跨学科的视角，为我们提供了一个认识世界的全新的方式。

跨界合作：茅台与瑞幸的"酱香拿铁"联名

2023年9月4日，中国高端白酒品牌茅台与知名咖啡连锁企业瑞幸咖啡携手推出了创新产品"酱香拿铁"。这一联名产品不仅在首日便实现了542万杯的销量，更以1亿元的销售额刷新了咖啡市场的历史纪录。这一现象级的市场表现不仅引发了业界的广泛关注，也引发了人们对跨界成功合作深层次原因的探讨。

通过将茅台的酱香与瑞幸的拿铁相结合，双方实现了资源共享，降低了研发和生产成本，更重要的是，这种创新的跨界合作满足了消费者的猎奇心理，激发了市场的新需求。这种合作模式不仅为双方带来了直接的经济效益，更让双方在品牌传播和市场拓展上实现了双赢。

茅台镇的地理优势与酿酒传统

茅台作为中国白酒代表品牌，长期以来在商务人士及中老年高消费人群中享有极高的声誉。然而，面对年轻消费群体的偏好差异，茅台需要寻求新的市场突破。与此同时，瑞幸咖啡以其高性价比、强创新能力和灵活的营销策略，成功吸引了都市年轻群体的关注。这种市场定位的差异，为双方的合作提供了天然的互补性。

茅台镇位于贵州省遵义市仁怀市，地处赤水河畔，具有得天独厚的地理条件。赤水河的水质纯净，富含多种对人体有益的微量元素和矿物质，是理想的酿酒水源。此外，茅台镇的紫红色土壤和红缨子糯高粱，为茅台酒的酿造提供了独特的原料基础。这些自然条件和传统工艺的结合，使得茅台酒在品质上具有无可比拟的优势。

瑞幸咖啡的创新与市场策略

瑞幸咖啡通过在写字楼、商场、学校周边等高流量区域开设小面积快取店，成功地将咖啡文化带入了都市日常生活。其灵活多样的营销策略和高性价比的产品定位，使其在年轻消费者中迅速积累了良好的口碑。这种市场策略为瑞幸咖啡自身的发展提供了动力，也为与茅台的跨界合作奠定了基础。

茅台与瑞幸的"酱香拿铁"联名，不仅是一次成功的商业合作，更是一次文化和创新的融合。这次跨界合作的成功为双方带来了经济效益，也为其他企业提供了宝贵的借鉴经验。未来，随着消费者需求的不断变化，类似的跨界合作或许会成为一种新的市场趋势。

柳州螺蛳粉：传统美食的现代转型

近年来，柳州螺蛳粉以其独特的风味和丰富的口感，迅速成为食品行业中的热门产品。在新冠肺炎疫情期间，柳州螺蛳粉不仅没有受到冲击，反而逆势而上，成为全国乃至全球的热销产品。

工业化生产与互联网营销

袋装螺蛳粉的推出，打破了传统螺蛳粉"现煮堂食"的限制，实现了从路边摊到工业化生产的转变。这一转变不仅提高了生产效率，也为螺蛳粉的互联网营销提供了可能。通过电商平台和直播销售，柳州螺蛳粉迅速从地方特色小吃转变为可以快递运输的快餐美食。

柳州螺蛳粉已注册国家地理标志证明商标，这不仅保证了其独特的风味和品质，也为品牌建设提供了法律支持。通过新型技术推广和农业生产改善，柳州螺蛳粉实现了工业化、标准化生产，成为广西的新名片。

柳州螺蛳粉的知名度扩大，对当地社会经济产生了深远影响。它带动了农产品种植业的发展，推动了食品安全标准化，促进了交通运输建设，配合对历史文化的挖掘，提高了品牌效应，打造柳州螺蛳粉产业园，带动了旅游业的发展。

地理优势与原料供应

柳州位于广西壮族自治区北部，纬度低，属于亚热带季风气候区。首先，柳州有丰富的原料。米粉的主要原料是大米，亚热带季风气候为水稻的种植提供了良好的水热条件。当地也是竹笋、木耳等原料的产地。其次，贵州省劳动力资源丰富，便于螺蛳粉的制作加工。再次，当地螺蛳粉制作经验丰富、历史悠久。最后，当地交通设施完善，便于运输，扩大销售范围。因地制宜发展特色产业，造就了柳州螺蛳粉的快速发展。

市场分析与消费者偏好

数据显示，螺蛳粉的主要销售区域为华东地区。该区域经济发达，消费能力强，且传统饮食口味与螺蛳粉形成鲜明对比，吸引了消费者的反复消费。发达的网络信息传播和便捷的物流运输，进一步扩大了螺蛳粉的销售范围。

柳州螺蛳粉的成功，是传统美食与现代营销相结合的典范。它不仅满足了消费者对美食的追求，也为地方经济的发展注入了新的活力。随着品牌建设和市场拓展的不断深入，柳州螺蛳粉有望成为全球知名的美食品牌。

熬夜：地域差异下的起居密码

随着现代社会节奏的加快，熬夜已成为许多人生活习惯的一部分。熬夜是指在晚上 11 点以后仍然保持清醒状态，进行工作、学习或娱乐活动。无论是因为工作、学习还是娱乐，人们常常牺牲宝贵的睡眠时间来追求更高的生产力和更多的乐趣。然而，熬夜对我们的身体和心理健康有着深远的影响。这种现象在年轻人中尤为普遍，但不同地区的熬夜程度和原因各有不同。

西北地区，尤其新疆的熬夜指数高的原因应该很容易解答吧？我们知道，我国东西经跨度大，但全国通用东八区的时间，也就是东经 120° 的地方时，新疆地区与此位置基本上有两个小时的时差，所以整个新疆作息都往后调整了两个小时。此外，新疆的一些节日庆典是在晚上举行的，这也是当地人晚睡的原因之一。

两广地区的熬夜指数也居高不下。两广有部分地区位于北回归线以南，属于热带地区，炎热的天气不利于入睡，当地人会等到太阳下山之后很久，天气凉快一点了，才去睡觉。虽然现在有了空调，入睡不需要这么等待了，但是晚睡的习惯延续了下来，而且睡得晚还推动了夜宵文化，如此循环，当地人就形成了晚睡的习惯。当然，还有一个是纬度原因。北半球的冬季，纬度越低，白昼越长，相对全国而言，两广地区的白昼时间长很多。因此，在气候和生活习惯的影响下，两广地区的熬夜指数也相对较高。

分析过熬夜指数度高的原因，东北和华北地区的熬夜指数较低也就好理解了。一个是时差因素。东北和华北地区位置偏东，天亮得早，天黑得也早，所以人们睡得比较早。如黑龙江省抚远市，夏季2：30就天亮了。另一个因素，这些地区纬度较高，冬季严寒，人们早早上床也可能是为了保暖。从文化上讲，东北、华北地区早市文化兴盛，人们惯于早起。

熬夜也是一种地域角度差异化的体现，影响全国睡眠时间的差异主要来自地域不同引起的时差、气候的差异，这是造成大范围熬夜的原因。除此之外，经济发展速度快的地区，人们生活压力大，工作时间长，白天自由支配时间有限，夜生活更丰富，熬夜的人数就多，熬夜指数自然也会高。

总结来说，熬夜有以下三种地域差异。

城市与农村的差异：城市生活节奏快，工作压力大，娱乐活动丰富，导致城市居民熬夜现象更为普遍。相比之下，农村地区生活节奏较慢，夜晚活动较少，熬夜现象相对较少。

经济发达地区与欠发达地区的差异：经济发达地区，如北上广深等一线城市，由于工作竞争激烈，加班文化盛行，熬夜现象更为常见。而在经济欠发达地区，人们的夜晚活动较少，夜间娱乐设施较少，因此较少熬夜。

南北方的差异：中国南、北方气候差异显著，北方冬季寒冷，人们倾向于早睡以保持体温；而南方气候温暖，人们夜晚活动较多，熬夜现象更为普遍。

飞机航线：连接世界的空中桥梁

在全球化的今天，飞机航线已成为连接世界各地的重要纽带。它们不仅缩短了人与人之间的距离，也促进了经济、文化交流和旅游业的发展。

一直以来都有很多人好奇，为什么飞机航线不是直的，特别是跨大洲的飞行往往会绕一个巨大的弧形。明明是两点之间线段最短，为什么还要绕远呢？这正好是地理学上一个十分重要的考点。

飞机航线规划的地理学原理

飞机航线的规划是基于地球的地理特性和大气环境的。地球是一个近似椭圆的球体，飞机航线需要考虑最短路径、风向、气候等因素。

在地球表面，两点之间最短的距离是大圆航线，即通过地心的两点形成的弧线。飞机之所以绕弧形，主要是因为弧形路径就是最短的。我们平时看的地图和航线图都是平面的，但地球是个球体，而球体两点间距离最短的定义是两点与球心所组成的大圆劣弧段。说得通俗一些，两点是起点和终点，在地球上画一个在同一平面上能连接这两个点的最大的圆，连接后，短的这条就是最短航线。当然，也有一些纯天然的大圆，比如赤道、晨昏线、整个经线圈，如果两点恰好在这些线上，直线最短距离就是最短航线。

设计航线时，如果两点在北半球同一纬度，就先往北飞，再往南飞，南半球则相反，先往南飞，再往北飞。如果两点恰好在赤道、经线圈等天然大圆上，那就可以直接沿着短的这条线飞。这种情况一般出现在长距离飞行中。由于在实际飞行中需要考虑风向和其他因素，飞机往往不会严格沿着大圆航线飞行。

除了距离因素，还有很多因素会影响飞机航线。就拿中美航线举例：一直沿着陆地飞，不横穿太平洋，是考虑安全因素。长时间跨大洋飞行，遇到紧急情况时很难找到着陆点迫降，安全性会大幅降低。地形也会影响飞机航线规划。大部分飞机都会避开青藏高原飞行，因为青藏高原的海拔太高了，上方的气流会对飞机飞行造成影响。气候和天气对航线规划也至关重要。飞机需要避开极端天气区域，如雷暴、飓风等，以确保飞行安全。在飞行中，飞机会尽量利用顺风来增加飞行速度、节省燃料，因此，航线规划时也会考虑风向，尤其对于长途飞行来说。

飞机航线管理

飞机航线的规划管理是一项复杂的工作,涉及多个领域的专业知识。

空域划分:全球空域被划分为不同的飞行情报区(FIR),每个区域都有相应的空中交通管制服务。

航路设计:航路是飞机在特定高度层飞行的通道。航路的设计需要考虑地形、人口密集度、环境保护等因素。

飞行高度层:飞机在不同的高度层飞行,以避免相互干扰。这些高度层通常按照特定的规则分配给东西向或南北向的航线。

飞行计划:每次飞行前,飞行员都需要制订详细的飞行计划,包括预计的飞行路径、备降机场、油量等。

空中交通管制:空中交通管制员负责监控飞机的飞行状态,确保飞机按照预定航线安全飞行。

全球食糖消费的地理与经济因素分析

食糖是日常生活必需品,可以提供能量,还作为天然调味品在食品工业中占据重要地位。全球食糖消费以蔗糖为主,数据显示,2024 年全球蔗糖市场规模为 622.9 亿美元,蔗糖在全球糖及甜味剂市场中独占鳌头。食糖在人体内分解为单糖(如葡萄糖、果糖等),对维护身体机能和保障体力至关重要。

根据美国农业部公布的估计数据,2021—2022 年度全球糖消费量为 1.74 亿吨,近 10 年的复合年均增长率(CAGR)为 0.84%,略高于产量增速。在全球人均糖消费较为稳定、人口数量持续增长的趋势下,预计全球糖消费量将保持低速增长。

食糖消费的地域差异

食糖的人均摄入量存在地域差异,受饮食习惯、经济状况和可获得性等因素影响。例如，阿拉伯联合酋长国以每人每年约 214 千克的糖摄入量位居全球第一。中国三岁及以上城市居民平均每日摄入 9.1 克糖，糖的供能比低于许多国家。中国糖协公布的数据显示，我国食糖年消费在 1500 万吨左右。

食糖消费量与国家的经济发展水平相关。一些人均 GDP 较高的国家，糖消费量也较高，而糖消费量较低的国家则多集中于非洲大部的欠发达国家。一些国家的糖料作物产量高，故而消耗量大，如巴西、秘鲁、老挝等国家盛产甘蔗。此外，白俄罗斯等国家因气候寒冷，对高糖食物的需求大；毛里塔尼亚、吉布提等国家则因习俗而摄入大量糖食。有趣的是，阿根廷糖摄入量大，却大量出口蜂蜜，因为当地人认为蜂蜜不够甜，不喜欢食用蜂蜜。

当然，像阿联酋这样惊人的摄糖量，其背后一定有复杂的因素影响。

阿联酋的高糖消费现象

阿联酋的高糖消费可以归因于以下几点：首先，当地盛产椰枣，含糖量极高，常被用作制糖原料；其次，阿联酋属于炎热干燥的热带沙漠气候，当地人对能量和水分的需求量高，高糖食物可以提供更多的能量和营养；最后，中东地区对甜食的喜爱有着深厚的文化背景，高甜食品常作为节日庆典餐品中的重点出现。

公共卫生政策与糖分摄入

糖分摄入量的增加与加工食品和含糖饮料的消费增加有关。多国正在采取措施以期减少游离糖的摄入,包括对食品产品加贴营养标签,限制向儿童推销富含游离糖的食品和非酒精饮料,以及采取财税政策等。中国疾病预防控制中心推荐成年人和儿童糖的摄入量应控制在总能量摄入的 10% 以下,相当于每天食用糖不超过 50 克;最好控制在 5% 以下,也就是不超过 25 克。

糖的原料与生产

白糖是天然甜味剂,是日常生活中的必需品,也是饮料、糖果、糕点等含糖食品和制药工业中不可或缺的原料。

生产白糖的原料主要是甘蔗,其次是甜菜,甘蔗和甜菜的比例大致为 8∶2。甘蔗适宜种植在热带、亚热带地区,主要分布在南美洲、大洋洲、非洲;甜菜生长于温带地区,主要分布在欧洲和北美洲,少量分布在亚洲地区,如日本、俄罗斯和中国北部等。

根据制糖工艺的不同,白砂糖可分为硫化糖和碳化糖。碳化糖保质期较长,质量较好,生产成本和市场价格相对较高。

全国各地食物中毒的惊人差异

全国各地的食物中毒差异究竟有多大？根据2021年食源性疾病暴发的监测数据，山东省发病人数最多，云南省发病率最高。毒蘑菇导致的事件起数和死亡人数最多，微生物性致病因子导致的发病人数最多，而在有毒动植物（不包括毒蘑菇）及其毒素引发的事件中，未充分做熟的菜豆是最常见病因。

食源性疾病

根据《中华人民共和国食品安全法》第一百五十条的规定，食源性疾病指食品中致病因素进入人体引起的感染性、中毒性等疾病，包括食物中毒。也就是说，除食物中毒外，食源性疾病还包括因摄入食物而引起的慢性毒害，以及因食物而感染的传染病、寄生虫病、人畜共患传染病等。

从事件起数和发病人数看，山东省位列第一，云南省紧随其后。当然,这个"第一"也有山东省是人口大省的因素。

西南地区的食物中毒现象

西南地区,尤其是云南省,食物中毒现象较为常见。云南省大部分地区属于亚热带季风气候和热带季风气候,夏季高温多雨,为蘑菇生长提供了理想条件,加之地形多山,土壤肥沃,微量元素丰富,使得该地区蘑菇种类繁多,野生可食用菌和野生毒菌混杂。这增加了当地人误食有毒蘑菇,引发食物中毒的风险。

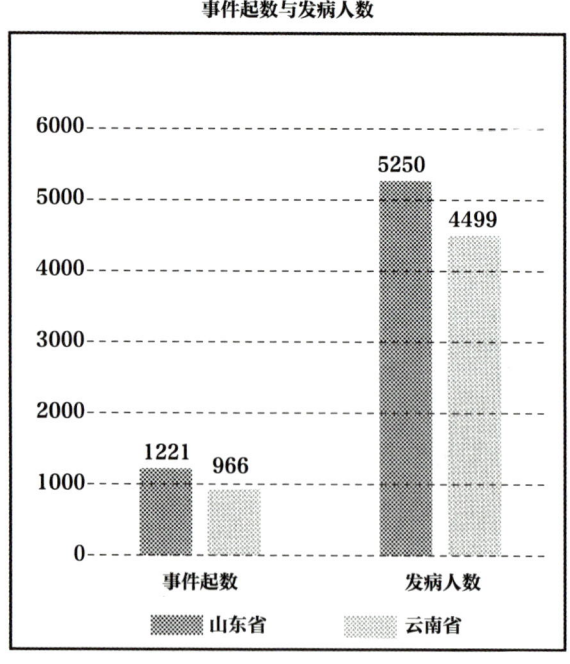

2021 年全国食源性疾病暴发数据
事件起数与发病人数

	山东省	云南省
事件起数	1221	966
发病人数	5250	4499

云南人对蘑菇十分热爱且执着，尤其在夏季有吃蘑菇的习惯，这个季节称为"吃菌季"。为了降低野生菌造成的伤亡风险，官方曾发布野生菌中毒风险地图以提醒民众注意安全，但是也阻挡不了当地人吃野生菌的决心。

山东省的食物中毒原因

山东省的食物中毒现象则与云南省的情况有所不同。山东省并不以有毒植物著称，为何食物中毒事件起数也居高不下呢？一方面，这可能与食物保存习惯有关。节俭的山东人具有珍惜食物的美德，然而，如果这种"不浪费食物"的习惯过度发展，食用过期变质的食物，就可能造成食物中毒事件。这类食物中毒属于人为原因。另一方面，从地理角度看，山东省位于温带季风气候区，雨热同期，适宜农业发展，农产品丰富。同时，临海的地理位置也使得山东省具有种类繁多的海产品。然而，潮湿的气候条件使得食物容易受潮变质，增加了食物中毒的可能。

食物中毒的地区差异提醒我们，无论饮食文化如何，增强食品安全意识和学习正确的食品保存知识都至关重要。要大力开展宣传教育，增强人民防范意识，保障公众健康。

全国吃辣差异地理原因

根据不同地区的食辣文化和习惯，我们可以划分出以下几个等级。

钻石组：这些地方以深厚的吃辣文化著称，包括江西、湖南、四川、重庆和贵州等地。这些地方的人们不仅非常能吃辣，而且辣的口味各有特色，如四川的麻辣、湖南的香辣、贵州的酸辣等。

黄金组：在西北地区的陕甘宁、新疆和西藏等地，人们用辣椒调味，以增添风味和抵御寒冷天气。此外，虽然某些省份从全省角度来看可能不太能吃辣，但其省内个别地区吃辣水平不容小觑，如江苏徐州、浙江衢州、福建三明、广东韶关、广西桂林等。

白银组：在京津冀、东北三省、山西、河南、山东及内蒙古等地，人们吃辣相对保守，通常喜欢在食物中加入"微微辣"，这些地方没有根深蒂固的吃辣文化。

青铜组：在广东、浙江等沿海地区，人们不太能吃辣，更倾向于追求食物的原味，辣椒在这些地方的菜肴中较少出现。此外，江苏、上海、福建及台湾等地也不太能吃辣。

此外，云南作为吃辣的隐形王者，虽然在某些吃辣地图中被归类为黄金组，但云南人吃辣的能力其实非常强。云南出产的辣椒辣度也很高，如云南小米辣和德宏涮涮辣在世界辣椒排行榜上名列前茅。

国内吃辣差异是多种因素共同作用的结果，其中地理因素扮演了重要角色。

为什么湖南吃辣指数全国第一，而和它相邻的广东省的吃辣能力基本为 0 ？

仔细观察上文提到的吃辣能力最强的几个省份，你会发现它们都有一个共同特征：冬天湿冷，光照不足。

我国南方地区大多属于亚热带季风气候区，夏季炎热多雨，湿气大，即使在冬季，空气中的水汽含量也依然很大。如湖南省内多丘陵山地，川渝地区地处盆地，湿气更不容易扩散。冬天湿气过大，会让关节等身体部位很不舒服。传统认识中，辣椒能帮助排出身体的湿气，还可以御寒，因此湘、赣、川、渝等地会偏爱辣椒。

反观广东地区，大部分位于南岭以南，夏季高温潮湿。由于南岭对冷空气的阻挡作用，即使在冬天，广东也不会像南方其他地区那么湿冷，因此广东人选择在夏季喝凉茶解暑，冬季煲汤温养身体，而不是吃辣。从经济角度来看，广东省地处沿海地区，海鲜较多，可选择的食材相对内陆更多，没有吃辣增味的习惯。因此，相邻两省的饮食差异才会如此大。

了不起的地理

"奇葩"的地理题：自行车与树的不解之缘

你是否听说过这样一道奇特的地理题目？"请用地理知识分析为什么自行车会长在树上。"这听起来似乎荒谬，但正如那句名言，"实践是检验真理的唯一标准"。让我们以科学的态度，一步步揭开这个谜题。

题干

瓦雄-莫里岛位于美国华盛顿州西北部，1954年该岛上一辆被遗弃的自行车，到2019年依然得以保留并"长"在距地面1.5米的树干内。请分析图中自行车得以保留于树干的主要原因。

题目剖析

首先,我们得认识到,看起来最不寻常的地理题目,必有其合理之处。面对这样的题目,我们不能仅凭直觉,而应从材料中寻找线索,逐一解析。

逻辑推理

自行车为何在此?题目中提到,1954 年自行车被遗弃,到了 2019 年,它已经与树融为一体。这说明该地区风化作用较弱,有利于自行车长期保持原状。树为何在此?直接的答案是，当地的水热条件适宜，这是树木能够在此地生长的主要原因。自行车与树为何能够共同存在？根据材料描述，自行车位于离地面 1.5 米处，这表明随着树木的生长，自行车也被抬升，形成了"自行车长在树上"的奇观。

场景分析

题目中的图片显示，自行车位于岛上。为什么这么多年自行车未被发现？这暗示了这个岛屿人迹罕至，人类活动干扰小，为自行车和树木的共存提供了条件。

结论

通过以上分析，我们不仅解答了题目，也感受到了地理学的逻辑魅力。面对所谓的"奇葩"题目，关键在于细致解读材料，简化问题，逐层深入。

解题策略

遇到类似的题目时，不要急于求成，也不要将其复杂化。通过提出一系列问题——为什么树木在这里？为什么自行车在这里？为什么它们能够共同存在？——你就能够逐步接近答案。

通过这样的方式，我们不仅能够提升解题技巧，还能加深对地理学的理解，提高兴趣。让我们一起在地理的奇妙世界中探险，探索更多奥秘吧！

沼泽题的秘诀：一道菜的妙用

掌握了这道"酱蒸生牛排"，地理中的沼泽类题目就迎刃而解了！这道菜名字听起来诱人，其实是一个巧妙的记忆口诀：降蒸渗流排。按照这个顺序，我们可以轻松解答沼泽类题目。接下来，我会以三江平原的沼泽为例，讲解口诀的运用方法。

解题步骤

降：沼泽的形成需要大量的降水。三江平原位于我国东北地区，属于温带季风气候，夏季降水集中，多暴雨，为沼泽的形成提供了充足的水源。

蒸：蒸发弱也是沼泽形成的关键因素之一。三江平原纬度较高，气温较低，导致蒸发量小，使得水分可以更多地留在地表。

渗：三江平原的冻土期长，土壤冻结后水分难以下渗，进一步增加了地表的水分积累。

流：三江平原河流众多，河网密布，河水泛滥后容易形成沼泽。

排：三江平原地势低平，排水不畅，为沼泽的形成提供了地形条件。

实际应用

通过刚刚的分析，当题目问到三江平原沼泽形成的原因时，我们就可以按照"酱蒸生牛排"的顺序，一步一步分析解答。

降：夏季降水量大，多暴雨。

蒸：气温较低，蒸发弱。

渗：冻土期长，水分不易下渗。

流：河网密布，河水泛滥。

排：地势低平，排水不畅。

结论

通过这个口诀，我们不仅能够快速准确地回答沼泽类题目，还能深入理解沼泽形成的自然条件。这个方法简单易记，是地理学习的好帮手。

第三部分　地理学习篇

地理学科的学习策略与方法

熟悉我的朋友都知道,我最开始在自媒体平台上备受关注的视频,是我北京高考地理97分(满分100分)的成绩在当时引发了热议。时至今日,每天还有很多同学私信问我:"地理究竟是怎么学的?"所以,我希望在书中和大家分享一下我的地理学习经历,以及地理学习的一些秘籍。

地理学作为一门综合性学科,不仅涉及自然现象,也与人类社会紧密相关。掌握地理学科的学习方法,对于深入理解地球的多样性和复杂性、提升科学素养至关重要。以下是一些基于教育理论和个人经验的地理学习策略与方法。

兴趣驱动的地理学习启蒙

兴趣是最好的老师。培养对地理学科的兴趣,是地理学习成功的关键。我是在地图的陪伴下成长的,父亲为我购买的中国地图和世界地图,是我了解世界的窗口。我每天起床后和睡觉前都会看几眼地图，可以说地图伴着我长大成人。每天的观察和思考，使得地理知识逐渐内化于心，这种早期的地理启蒙，不仅激发了我的好奇心，让我对各地的地理知识感兴趣起来，也为我后续的地理学习打下了坚实的基础。

进入初中后，我曾一度自满于自己对地理学科知识的了解，结果第一次地理考试成绩仅排在全班第 15 名。这次经历让我意识到，地理学习不仅仅是知识的积累，更重要的是知识的整合与应用。一位对我影响非常大的地理老师告诉我，地理这门学科不是说觉得自己懂得多就够了，还要注重将所学的知识串联起来，形成系统化的理解，从而实现举一反三。

思维导图在地理学习中的应用

学会梳理和整合知识，是提高地理学习效率的关键。绘制思维导图就是一种有效的学习方法。从初中开始，我就在老师的引导下每学完一章就绘制对应的思维导图，这一习惯一直保持到高中毕业，极大地提升了我的思维逻辑能力。

以"气压带和风带"为例，绘制思维导图时，可以从成因入手，地表冷热不均导致热空气上升和冷空气下降，进而形成热力环流和风。通过这种方式，可以将抽象的地理概念具体化，便于记忆和理解。

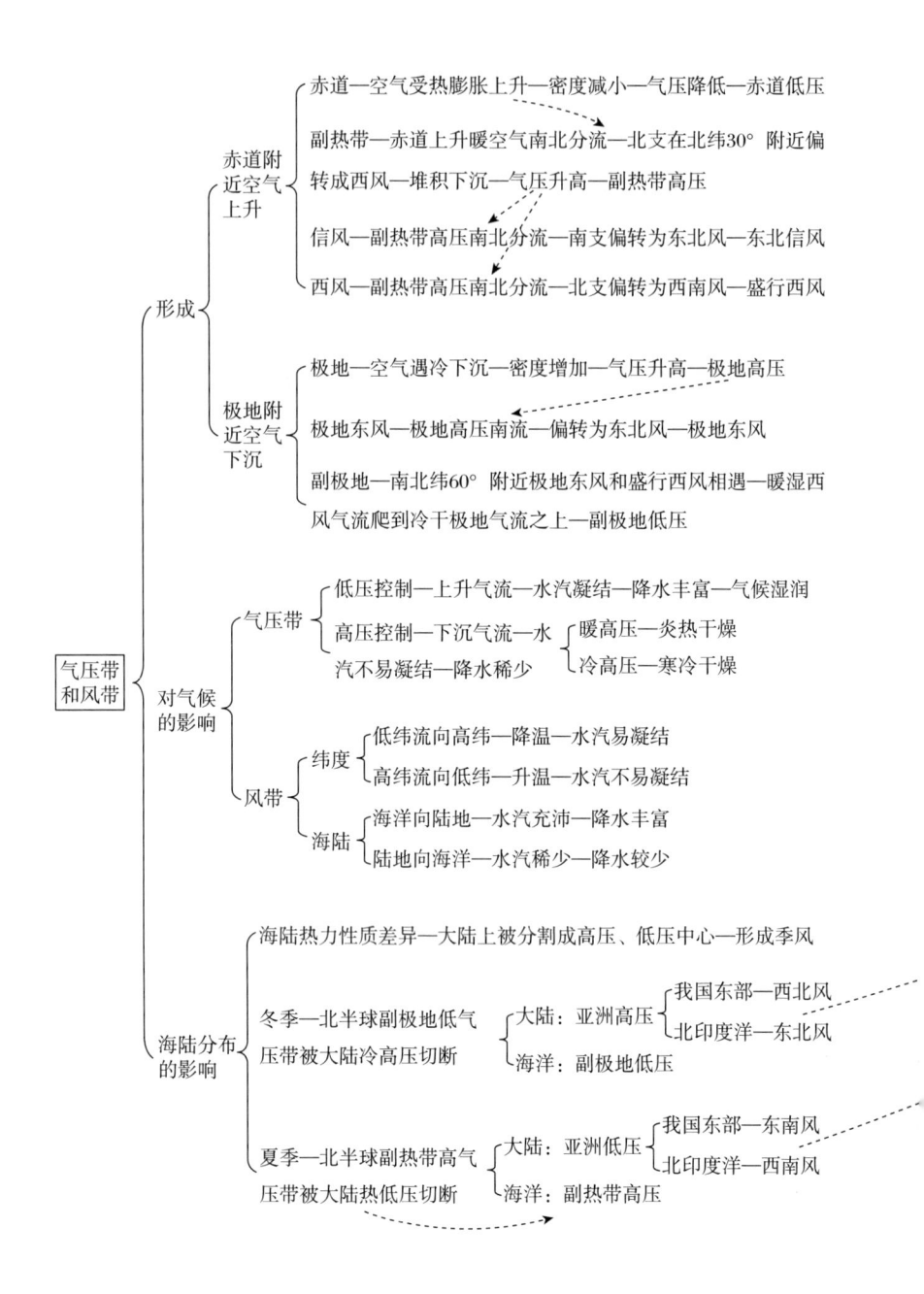

```
气压带和风带
├─ 形成
│   ├─ 赤道附近空气上升
│   │   ├─ 赤道—空气受热膨胀上升—密度减小—气压降低—赤道低压
│   │   ├─ 副热带—赤道上升暖空气南北分流—北支在北纬30°附近偏转成西风—堆积下沉—气压升高—副热带高压
│   │   ├─ 信风—副热带高压南北分流—南支偏转为东北风—东北信风
│   │   └─ 西风—副热带高压南北分流—北支偏转为西南风—盛行西风
│   └─ 极地附近空气下沉
│       ├─ 极地—空气遇冷下沉—密度增加—气压升高—极地高压
│       ├─ 极地东风—极地高压南流—偏转为东北风—极地东风
│       └─ 副极地—南北纬60°附近极地东风和盛行西风相遇—暖湿西风气流爬到冷干极地气流之上—副极地低压
├─ 对气候的影响
│   ├─ 气压带
│   │   ├─ 低压控制—上升气流—水汽凝结—降水丰富—气候湿润
│   │   └─ 高压控制—下沉气流—水汽不易凝结—降水稀少
│   │       ├─ 暖高压—炎热干燥
│   │       └─ 冷高压—寒冷干燥
│   └─ 风带
│       ├─ 纬度
│       │   ├─ 低纬流向高纬—降温—水汽易凝结
│       │   └─ 高纬流向低纬—升温—水汽不易凝结
│       └─ 海陆
│           ├─ 海洋向陆地—水汽充沛—降水丰富
│           └─ 陆地向海洋—水汽稀少—降水较少
└─ 海陆分布的影响
    ├─ 海陆热力性质差异—大陆上被分割成高压、低压中心—形成季风
    ├─ 冬季—北半球副极地低气压带被大陆冷高压切断
    │   ├─ 大陆：亚洲高压
    │   │   ├─ 我国东部—西北风
    │   │   └─ 北印度洋—东北风
    │   └─ 海洋：副极地低压
    └─ 夏季—北半球副热带高气压带被大陆热低压切断
        ├─ 大陆：亚洲低压
        │   ├─ 我国东部—东南风
        │   └─ 北印度洋—西南风
        └─ 海洋：副热带高压
```

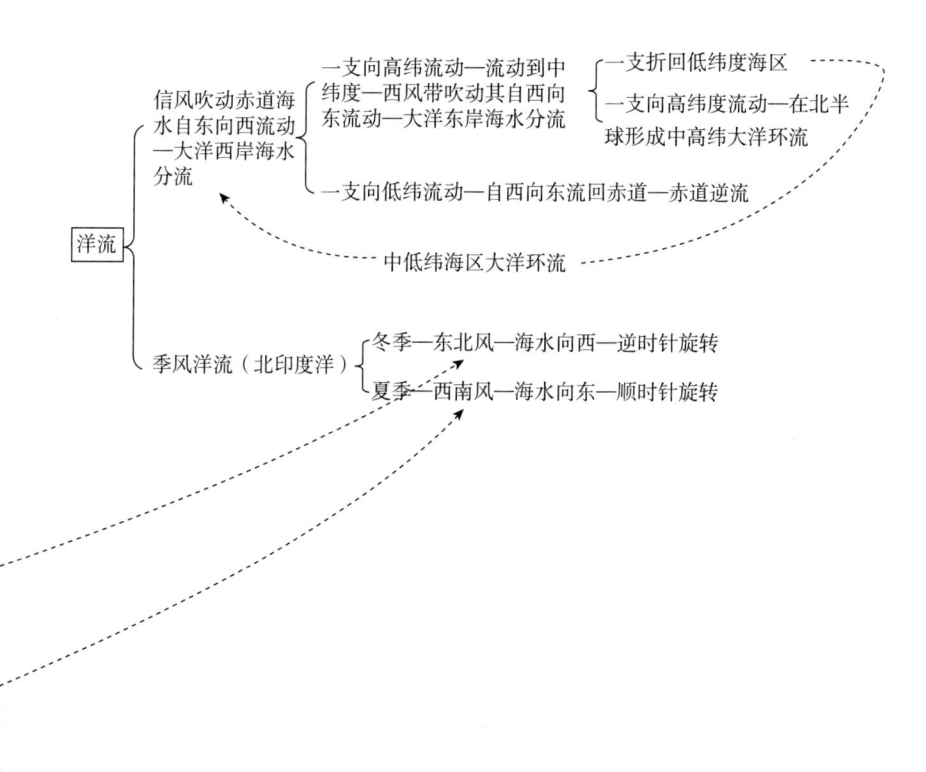

```
                                   ┌─ 一支向高纬流动—流动到中    ┌─ 一支折回低纬度海区
        ┌─ 信风吹动赤道海  │   纬度—西风带吹动其自西向  │
        │   水自东向西流动 ─┤   东流动—大洋东岸海水分流 ┤  一支向高纬度流动—在北半
        │   —大洋西岸海水  │                              └─ 球形成中高纬大洋环流
        │   分流           │
        │                  └─ 一支向低纬流动—自西向东流回赤道—赤道逆流
洋流 ──┤
        │              ········ 中低纬海区大洋环流 ········
        │
        │                      ┌─ 冬季—东北风—海水向西—逆时针旋转
        └─ 季风洋流（北印度洋）┤
                                └─ 夏季—西南风—海水向东—顺时针旋转
```

地理学习的多维度策略

多看图：地图是地理学习的基础工具。通过观察地图，可以直观地获得大量信息，理解地理规律。

逻辑思维：地理学习需要逻辑推理能力。通过分析地理现象的成因和影响，可以更好地理解地理现象。

知识串联：将所学知识进行整合，形成系统化的理解，是地理学习的核心。

实践应用：将地理知识应用到实际问题中，提高解决问题的能力。

地理学习是一个系统化的过程，需要兴趣驱动、知识整合、思维导图辅助和多维度策略应用。通过这些方法，我们可以更深入地理解地理学，以在考试和实际应用中取得更好的成果。

高考大题如何得分

地理学科知识繁杂,我们如何高效学习,如何攻克大题?我采用了以下几种策略来应对。

方法一:记口诀

地理这门学科既具有文科的特点,也融合了理科的知识。首先,我们需要准确记忆,打好基础。

以自然地理为例,我们可以记住"气、地、水、土、生"这样的口诀;而针对人文地理,我们可以记住"市、交、科、政、劳"。这些口诀背后都有具体的内容,我在这里就不详细展开了,大家可以试着自己总结。记住这些口诀,是掌握地理学科知识的第一步。重要的是,在做题时,将这些口诀应用到实际问题中。掌握了基础知识点,你至少能拿到一半的分数。

方法二：随手记

除课堂笔记本之外，你还需要一个小巧的记事本，专门用来记录地理知识点。它可以放在口袋里，方便你随时随地记录观察到的现象或自己的灵感。

为什么要这样做？地理学不仅包含一些固定的背诵内容，还有一些灵活、陌生的内容需要你自己去发现和总结。这些答案往往不会出现在背诵的口诀里，也不会直接出现在题目中。

例如，在解答资源开发类型的题目时，仅靠口诀可能只能得到基础分数。但如果你在阅读其他内容时发现了一些高级的表述，如"促进当地资源合理开发和配置"，就可以记下来。在模考或高考中遇到类似题目时，即使这不是标准答案，也可能会获得分数。某年海淀二模里的一道题的答案中提到了"建设城市绿色通风廊道"。你可能之前从未听说过这样的说法，但如果它出现在模拟题的答案里，你应该弄清它的含义并把它记下来。下次遇到环境治理类问题时，你就可以运用这个答案。

记住，背诵是基础，但灵活运用才是关键。通过随手记，你可以在考试中运用这些独特的答案，增加得分的机会。每道题多得一分，累积起来就是巨大的优势。

方法三：多角度

多角度思考的重要性不言而喻。面对问题时，我们经常会遇到需要全面分析的情况。例如，当题目问到逆温现象对某城市的影响时，我们不能仅凭直觉认为逆温的影响总是负面的。如果你对相关知识有所了解，就会知道逆温现象虽然通常被认为是不利的，但它也可能带来一些积极的影响，比如抑制沙暴的产生。如果题目满分为 5 分，可能其中 3 分考察不利影响，另外 2 分考察有利影响。因为题目问的是"影响"，而不是"危害"，而影响包括正面和负面两方面。所以如果你写了 10 条不利影响，可能只能得到 3 分。相反，如果有人只写了 5 条，但涵盖了正、反两方面，那么他可能得到满分，因为他进行了多角度思考。

记住，对于影响类的问题，我们一定要考虑有利和不利两个方面。那么，什么时候我们只考虑有利的一面呢？那就是当题目问到"意义"的时候。而什么时候只考虑不利的一面呢？那就是当题目问到"危害"的时候。只要掌握了这些方法，我相信你的地理成绩一定会有显著的提升。

方法四：最大限度利用材料

在地理学习中，有些同学虽然知识掌握得比较扎实，但并没有很好地体现在考试分数上。这往往是因为他们只关注于展示自己所学的知识，却忽略了一个关键因素——材料的利用。让我举一个例子来说明这一点。

假设有一道题目，要求你阐述某个振兴目标的作用。如果你不仔细审题，直接按照记忆的口诀来回答，结果可能会让你大跌眼镜——0 分。为了避免出现这种情况，你应该怎么做呢？非常简单：审题。

如果题目提到了全面实现农村强、农村美、农村富的振兴目标，你就应该围绕这三个核心点展开论述。你会发现，答案往往与这些关键点紧密相关。答案就藏在这些细节之中。

材料的运用至关重要，无论你的地理知识点掌握得如何，材料都是不可忽视的资源。但很多时候，随着学习的深入，我们可能会过分依赖自己记忆的知识点，而忽视了材料的重要性。

这四个方法至关重要，你记住了吗？如果掌握了这些技巧，你也许能够轻松应对高中地理 80% 的问题。

高中学习的关键：有效整理错题

整理错题是高中学习中至关重要的一环。它能帮助你在高三总复习时迅速定位薄弱点，还能极大提高你的学习效率。那么，如何正确整理错题呢？这里有一些建议。

避免无效抄写：不建议将错题一字不漏地抄写下来，这是非常耗时的。可以使用错题打印机将题目打印出来，然后贴在错题本上，可以省大量时间。

分析错误原因：在错题旁边写下错误原因和相关的知识点。这有助于你了解自己的薄弱点，对此有针对性地改进。

独立重做：遮住答案，独立地重新解答错题。不要仅仅背下答案，而要确保自己真正理解并能够独立完成题目。

定期复习：隔一段时间，再次尝试解答这些错题。如果能够顺利解答，说明你已经掌握了这些题目；如果还不能，就需要继续钻研，直到完全理解为止。

避免题海战术：高三后期，与其盲目刷题，不如集中精力攻克错题。这不仅能提高学习效率，还能让你在高考时更加从容。

如果你在高三能够彻底搞懂错题，那么你在高考时将得心应手。记住，整理错题不是负担，而是通往成功的捷径。让我们一起努力，让错题本成为学习利器！

高中地理学习困惑

在高中地理学习中，大家会遇到各种困惑，让我们来一一梳理。

掌握了基础知识却无法得分：这通常是因为学生只记住了知识点，但缺乏解题技巧。例如，对于分析成因等阐述类题目，仅仅答出一个专业名词是不够的，你需要展示自己的逻辑推理过程，点出关键词，这样才能得分。

模板记忆的困惑：很多学生都会寻找解题模板，却往往忽视了模板背后的逻辑和应用场景。解题模板并非一成不变，而是需要根据具体题目灵活运用。

缺乏解题方向：这往往是因为学生没有掌握正确的解题方法，一些辅导书对高中地理常见的题型进行了系统分类，并提供了经典例题的详细解析，大家可以通过这种练习逐步掌握解题技巧。

材料利用率低：考试中的材料绝不是无意义的，每一句话都可能隐藏着解题的线索。深入挖掘材料背后的深意，找到题目的考点，在做大题时还可以根据材料对答案角度加以补充，使答案角度更加全面。

无法应对新概念题目：很多新概念题目实际上是对已知概念的延伸或变形，要紧抓关键信息，联系已知内容进行知识迁移。在平时学习中要注意循序渐进地练习，熟练掌握解题方法。

总之，高中地理学习不仅仅是记忆知识点，更重要的是掌握解题技巧和方法。

高考地理考前终极提醒

以下是我总结的考前需要注意的事项。

选择题审题：在解答选择题时，请务必仔细阅读题干，明确题目要求。如果题目询问的是人文原因，请避免选择自然原因，反之亦然。此外，如果题目问的是"下列哪一项不是……"，请不要错误地回答"哪一项是……"。虽然这听起来很简单，但在高考的高压环境下，许多考生容易因紧张而看错题目。

大题答题策略：多角度思考，不要局限于单一视角，避免只基于一个点进行回答。当题目询问影响时，记得从有利和不利两个角度进行回答；当题目询问成因时，可以同时考虑自然原因和人文原因。注意，如果题目询问某事物的意义，则只需回答有利因素。

材料的充分利用：高考试卷上的每一项材料都有其存在的意义，每一句话都与答案相关。因此，务必仔细阅读材料，理解其含义，并在答题时充分利用这些信息。不要仅仅依赖自己所学的知识点，而忽略了材料的重要性。

高考倒计时一周：避开陷阱，保持最佳状态

随着高考的临近，只剩下一周时间时，你或许会遇到一些挑战：学习效率下降，默写错误增多，甚至平时熟悉的题目也变得陌生。如果你正在经历这些，不要慌张。以下是我的一些建议。

调整心态：首先要明白，考前一周实质性的学习提升可能性不大，现在最重要的是心态。如果你感到焦虑或信心不足，试着专注于你擅长和熟悉的题目。这不仅可以提升你的信心，还能帮助你保持题感。

适度复习：虽然要调整心态，但也不能完全放松。有些人可能会认为高考前可以彻底放松，但这可能导致你在考试时忘记之前熟悉的内容。适度复习，可以帮助你保持状态。

避免剧烈运动：在高考前减少或避免剧烈运动。我有一个同学在高考前一周打球时不幸受伤，导致右手骨折，不得不放弃高考。这是一个沉痛的教训，希望大家能够避免类似

的意外。

保持情绪稳定：不要让任何人或事影响你的情绪。无论是家人、老师还是同学，如果遇到令人不愉快的问题，留待高考后再解决。这个时候，每个人的情绪都可能不稳定，任何冲突都可能影响你的心态，造成无法挽回的损失。

高考前夕失眠？试试这些有效方法！

面对高考前夜的失眠，不必惊慌。长期睡眠不佳的我深知考前失眠的困扰，如果你担心出现这种情况，这里有一些实用的方法，或许能在关键时刻助你一臂之力。

远离电子设备：睡前请放下手机和其他电子设备。蓝光会刺激大脑，使你更难入睡。尝试关闭所有光源，创造一个黑暗、安静的睡眠环境。

冥想放空：闭上眼睛，尝试放空思绪。想象自己处于一个宁静的黑色空间中，让身心逐渐放松。

478呼吸法：这是一种呼吸调节技巧，可以帮助身体放松。吸气4秒，屏气7秒，然后呼气8秒，重复几次，直到感觉放松。

避免使用药物：切勿在考前使用任何助眠药物。它们可能会影响你第二天的精神状态，导致你头晕或注意力不集中。

保持信心：即使真的一夜未眠，也不要过分担忧。人在紧张状态下，身体会自然地保持警觉，不会让你在考试中感到困倦。相信自己的努力。记住，你多年的学习和准备不会白费。比如，我在高二时曾有一次经历，尽管考前整夜未眠，但考试成绩是我高中最好的一次。你的知识和努力，最终会助你在考场上得到回报。

高考小贴士：一位过来人的真诚分享

作为一位经历过高考的学生，我想从学生的角度分享一些高考注意事项。

着装建议：网上流传高考第一天穿红色可以带来好运的说法，但请注意，监考老师也会注意到显眼的颜色，穿红色可能会让你在众多考生中"脱颖而出"。因此，建议选择低调的着装，避免成为不必要的焦点。

避免金属物品：不要穿戴任何含有金属的衣物或配饰，以免触发考场门口的金属探测器。探测器报警不仅会耽误时间，还可能影响你的心态，因为你需要向监考老师解释，证明自己没有携带禁带物品。

饮食建议：考试前不要吃得过饱，尤其是下午考试前。家长可能会想给你补充营养，但吃得过多会导致胃部不适和困倦，这会影响你的发挥。

考后避免对答案：考试结束后不要立即对答案。虽然这是个老生常谈的建议,但基于我的个人经历,我必须强调。对答案这件事几乎总是会让你后悔,因为刚完成考试时你的期待值往往偏高。所以,最好的办法是不要对答案,保持心态平稳,准备下一场考试。

考前不要听歌:虽然听歌可以放松心情,但考前的紧张状态可能会让你的大脑变得空白。如果在考前听歌,旋律可能会在考试中不断在大脑里回响,影响你的注意力。因此,考试前尽量保持心情平静,避免任何可能干扰你的因素。

最后,我不想说太多煽情的话,只希望你们在高考中发挥出色,考的全会,蒙的全对。高考加油!

志愿填报

报志愿选专业是一个重大决定，它可能影响你的未来职业道路。以下是一些实用的建议，希望能够帮助你做出更适合自己的决定。

明确自己的兴趣和目标：选择专业时，首先要考虑自己的兴趣和长期职业规划。记住，选择一个你热爱的专业，将有助于你在学习和工作中保持动力和热情。亲友可能会给出各种建议，但最终决定权在你手中。如果你被迫选择了一个不喜欢的专业，可能会在未来几年中感到痛苦和不满。

了解专业的真实情况：不要仅凭名字或表面印象来选择专业。例如，金融专业可能并不像你想象的那样"高大上"，它可能涉及销售等基础工作。在报志愿前，通过一些网络平台或其他渠道，了解不同专业的课程设置和学习内容，可以帮助你做出更明智的选择。

了解学校的硬件设施：除了学科实力，学校的硬件设施也同样重要。学校的宿舍条件、校园环境、地理位置等都是影响你大学生活质量的重要因素。与在校生交流，获取一手信息，可以帮助你更全面地评估一所学校。

考虑调剂的可能性：在报志愿时，不要忘了勾选"服从调剂"。这将增加你被录取的机会，即使你未能进入首选专业，也有机会进入你心仪的学校，在其他专业发掘新的兴趣和发展方向。

排除不喜欢的专业：如果你不确定自己喜欢、擅长什么，至少应该清楚自己不喜欢什么。排除那些你完全不感兴趣的专业，然后在剩余选项中进行选择。

实际体验专业内容：如果可能的话，尝试参加一些与专业相关的实习或项目，这将帮助你更直观地判断一个专业是否适合你。

综合评估：在做出最终决定之前，综合考虑所有因素，包括个人兴趣、专业前景、学校环境等，确保你的选择既符合个人发展兴趣，也能适应市场需求。

地理学科就业方向

如果你打算选择地理专业，你可能会好奇未来可以学习哪些专业，以及这个选择对你未来的职业道路有何影响。接下来，让我们来探讨这个问题。

地理是一门跨学科的科目，它结合了自然科学和社会科学，学科内容具有多样性。因此，学习地理可以为你打开多个专业的大门，包括环境科学、城市规划、地理信息系统、气象学等。在决定学习地理或任何其他专业之前，首先重要的是要问自己是否真正对这个领域感兴趣。兴趣是最好的老师，它将引导你在学习过程中保持热情和动力。其次，深入了解专业内容，不要仅仅根据专业名称来做决定。例如，大气科学专业听起来是地理相关专业，但它也涉及大量的物理和数学知识。在做出选择之前，尝试了解每个专业的核心课程和学习内容。在决策时，尽量让个人特质与专业匹配，根据自己的性格和能力，选择与之相匹配的专业。例如，如果你喜欢户外工作和研究，环境科学可能是一个不错的选择。同时，要注意专业与就业之间的联系，了解专业对应的职业路径。例如，如果选择地理信息系统专业，你未来可能会从事城市规划或环境监测等工作。

　　选科和选择专业对你的未来有深远的影响，它们不仅决定了你在大学期间的学习内容，还会影响你的职业选择和发展方向。高中阶段的选科是对未来专业和职业的初步探索。很多学生在选科和选专业时缺乏足够的信息，可能会做出不理想的选择。你可以尽早关注并研究不同科目和专业，以便做出明智的决策。随着你对不同领域的了解加深，你的兴趣和目标可能会发生变化。持续探索和调整战略，即使你对高中阶段做出的选择不满意，在大学阶段你仍然有机会探索和调整自己的专业方向。保持开放的心态，根据新的信息和经验做出灵活的调整。

我的高考经历

高考临近,许多同学可能会感到焦虑和紧张,担心考试中出现意外。以下是我在高考时遇到的一些意外情况和应对策略,希望你能够减轻焦虑,从中获得一些经验。

高考前,因为考点离家远,我选择在考点对面的酒店住宿。但酒店的床太软,导致我第一晚辗转难眠,直到凌晨2点才入睡。更意外的是,凌晨3点,房间的电视突然自己打开,播放起英文节目。这种情况无疑增加了我的紧张情绪,但我知道必须及时止损。我叫醒父母,他们联系酒店工作人员将电视搬走。酒店解释这可能是线路故障,但我没有深究,专注于即将到来的高考。考语文时,由于没休息好,我感到头脑迟钝,阅读理解和作文差点没能完成。尽管如此,我尽力保持冷静,专注于答题。考数学时,我遇到了难题,按照母亲的建议,我选择跳过不会的题目,继续往下做。虽然开始时我遇到了好几道不会的大题,但我没有放弃,稍作休息后，我发现自己能够继续完成后面的题目。数学考试后，我感到非常沮丧，但我及时调整了心态，没有让这种情绪影响到第二天的考试。高考结束后，我发现尽管数学大题做得不好，但选择题意外地全对，最终我的高考成绩与平时相差无几。

由此可见，无论考试的过程中发生了什么事情，保持冷静和专注是关键。遇到问题时，不要自责和内耗，而是要尽快调整心态，迎接接下来的挑战。

愿你在高考中展现出最好的自己，在笔盖合上的那一刻，有着战士收刀入鞘的骄傲。高考加油，愿你取得理想的成绩！

考点参考答案

1. ABCD
2. D
3. D
4. D
5. D
6. D
7. D
8. A
9. B
10. B
11. C
12. C
13. C
14. B
15. D
16. A
17. C
18. D
19. A
20. B
21. D
22. B
23. C
24. D
25. B
26. D
27. D
28. A
29. B
30. C
31. B
32. A
33. D
34. B
35. A
36. D
37. C
38. B
39. A
40. C
41. D
42. C
43. A
44. B
45. C
46. D
47. D
48. D
49. A
50. C
51. B
52. A
53. C
54. A
55. C
56. D
57. C
58. A
59. B
60. B
61. B
62. C
63. C
64. B
65. A
66. D
67. A
68. D
69. C

感谢特约审订华中师范大学柳琳、梁小宇、周梦瑶对本书的支持！